MORDAITH AR Y TITANIC

Fy Hanes i

MORDAITH AR Y TITANIC

Dyddiadur
Margaret Anne Brady, 1912

Ellen Emerson White

Addasiad Eigra Lewis Roberts

GOMER

Hawlfraint y testun © Ellen Emerson White, 1998

Mae Ellen Emerson White wedi datgan ei hawl dan
Ddeddf Hawlfraint, Dyluniadau a Phatentau 1988
i gael ei chydnabod fel awdur y llyfr hwn.

Teitl gwreiddiol: *Voyage on the Great Titanic*

Cyhoeddwyd gyntaf gan Scholastic Children's Books,
Commonwealth House, 1-19 New Oxford Street,
Llundain WC1A 1NU

ⓟ y testun Cymraeg: Eigra Lewis Roberts 2002 ©

Argraffiad Cymraeg cyntaf: 2002

ISBN 1 84323 164 6

Argraffwyd gan
Wasg Gomer, Llandysul, Ceredigion SA44 4QL

Llundain, Lloegr
1912

Rydw i'n teimlo'n dipyn o ffŵl yn rhoi fy meddyliau ar bapur fel hyn, ond heno fe awgrymodd y Chwaer Catherine, yn bendant iawn, fy mod i'n dechrau cadw dyddiadur. Estynnodd lyfr ysgrifennu newydd sbon i mi o'r cwpwrdd stoc i'r union bwrpas hwnnw. Dweud yr oedd hi fod popeth yn mynd i fod yn wahanol i mi o hyn ymlaen ac y bydda i'n difaru os na fydda i'n cadw cofnod ysgrifenedig. Pe bawn i ddim, dywedodd y byddai *hi* yn siomedig. A dweud y gwir, rydw i mor awyddus i warchod fy mywyd preifat fel na fyddwn i'n barod i dderbyn y fath gyfarwyddyd gan neb arall, ond gan fod gen i gymaint o feddwl ohoni hi, alla i ddim llai na derbyn ei chyngor. P'un bynnag, does dim dwywaith fod heddiw wedi bod yn ddiwrnod llawn cyffro. Un munud, roedd fy mywyd i'n gyffredin a diddigwydd; ychydig oriau'n ddiweddarach, roedd yr holl fyd fel petai'n newydd ac yn wahanol.

Ganol y bore oedd hi, a minnau wrthi'n rhoi cyflwyniad, digon carbwl, o '*Tyger! Tyger! burning bright/In the forests of the night*' pan ges i fy ngalw i swyddfa'r Chwaer Mary Gregoria. Gan fy mod i wedi bod braidd yn afreolus amser brecwast, ro'n i'n teimlo'n anesmwyth iawn, ac yn meddwl yn siŵr y byddwn i'n cael fy rhoi ar waith i wneud gorchwylion diflas o gwmpas y cartref fel penyd am hynny.

'Margaret Anne!' meddai'r Chwaer Mary Gregoria, ei llais yn atseinio fel clychau Bow. Chwifiodd ddarn o bapur i 'nghyfeiriad i, ac yna pwyntiodd at y gadair lle'r oedd hi am i mi eistedd.

Rhaid i mi gyfaddef fy mod i, o dro i dro, wedi gadael ambell nodyn yma ac acw yn yr ystafelloedd cyffredin, yn cynnig polisïau newydd rhyfedd, a'u harwyddo â dynwarediad o lofnod y Chwaer Mary Gregoria, ond roedd y darn papur hwn yn ddieithr i mi. Byddai'n drueni i mi gael fy nghosbi am drosedd rhywun arall – ac eto, a bod yn onest, efallai fy mod i'n rhyw lun o haeddu hynny.

Yna ysgubodd y Chwaer Catherine i mewn, gan ymddiheuro ei bod yn hwyr. Oherwydd ein bod ni'n dwy ar delerau agos ro'n i'n synhwyro na fyddai pa gosb bynnag oedd ar fy nghyfer i'r tro hwn yn rhy lem.

Pan ddois i yma gyntaf, bum mlynedd yn ôl, dydw i ddim yn credu i mi ddweud gair am fisoedd. Roedd hwnnw'n amser tywyll a digalon. Fedrwn i na bwyta na chysgu. Cefais fy rhoi ar waith i helpu'r Chwaer

Catherine yn y llyfrgell. Yn ystod y dyddiau cynnar hynny, ro'n i'n teimlo'n swil yng nghwmni'r wraig siriol, llond ei chroen yn ei gwisg laes, ddu, ond fûm i fawr o dro cyn dod i ddibynnu ar ei charedigrwydd. Pan o'n i'n teimlo tu hwnt o unig, roedd hi yno bob amser gyda gwên, llyfr yr oedd hi'n credu y byddwn i'n ei fwynhau, a phaned o de poeth, melys. Erbyn hyn, yr ystafell fach honno, yn un llanast o lyfrau, ydi'r unig le yn y byd sy'n teimlo fel cartref i mi. Mae'r Chwaer Catherine yn ddoeth iawn, ac mae hi wedi fy arwain i ymhell y tu draw i'r gwaith dosbarth elfennol yn y gobaith y galla i hyd yn oed fynd i'r brifysgol ryw ddiwrnod. Ar wahân i William, fy mrawd, rydw i'n credu mai hi ydi fy ffefryn i.

'Margaret Anne,' meddai'r Chwaer Mary Gregoria wedyn, unwaith yr oedd y Chwaer Catherine wedi ei setlo ei hun ar gadair fregus. 'Rydw i'n deall mai'ch dymuniad chi ydi mynd i weini.'

Dydw i ddim eisiau gwneud y fath beth, ond does gen i fawr o awydd cael fy hun yn ôl yn strydoedd cefn Whitechapel, neu'n waeth na hynny, yn y Wyrcws. Felly, dyna fi'n nodio, yn ddifrifol iawn. Mae William wedi bod yn ceisio cynilo digon o arian i dalu fy nghludiad i America ers yn agos i ddwy flynedd bellach. Pe bawn i, hefyd, yn gallu gweithio, mi allwn i helpu i dalu rhan o'r costau. William ydi'r unig deulu sydd gen i yn y byd, ac rydw i'n ysu am gael mynd draw ato.

'Hoffech chi fod yn gymdeithes, Margaret Anne?' gofynnodd y Chwaer Mary Gregoria.

Gan nad o'n i'n siŵr beth oedd hynny'n ei olygu, wyddwn i ddim sut i ymateb.

'Mae hyn yn mynd i roi gymaint gwell cyfle i chi,' meddai'r Chwaer Catherine, ei hwyneb yn goleuo o hapusrwydd. 'Dyma'r union beth fyddwn i wedi'i ddymuno ar eich cyfer chi, Margaret.'

Mi wyddwn na fyddai hi'n dweud dim ond y gwir wrtha i, ac mi nodiais eto, cyn troi i wynebu'r Chwaer Mary Gregoria a'i hanrhegu â gwên lydan. 'Mi fyddwn i wrth fy modd cael bod yn gymdeithes,' meddwn i.

Dyna sut y bu i mi gychwyn allan i'r ddinas y prynhawn hwnnw, yng nghwmni'r Chwaer Catherine.

Mae'n dechrau mynd yn hwyr, a minnau wedi blino, felly rydw i'n credu y gadawa i hanes ein hantur ni yn y ddinas tan y bore.

Roedd y Chwiorydd i gyd yn cytuno na ddylwn i ddim
bod yn crwydro'r strydoedd ar fy mhen fy hun, a dyna
pam yr anfonwyd y Chwaer Catherine i 'ngwarchod i.
Roedden nhw'n bryderus iawn ynglŷn â'r hyn y dylwn i
ei wisgo ar ein taith i'r ddinas, gan eu bod mor awyddus i
mi wneud argraff dda. Fel rheol, dydi'r Chwiorydd yn
malio dim cyn belled â bod ein dillad ni'n lân. Rydan ni'n
gwisgo ffrogiau plaen, syml, ac yn gwneud ein gorau i'w
cadw mewn cyflwr da. Mae rhai o fasnachwyr Petticoat
Lane yn rhoi dillad nad oes arnyn nhw eu heisiau i'r
cartref, ond dydyn nhw ddim o'r safon uchaf, wrth gwrs.
Yn y diwedd, penderfynwyd fy mod i wisgo ffrog las
tywyll, a fu'n eiddo unwaith i un o'r merched hynaf.
Gwnaeth y Chwaer Celeste fy ngwallt yn daclus, a
defnyddiais innau glwt meddal i roi sglein ar fy esgidiau
botwm.

Efallai nad oes angen dweud mai yn ei gwisg laes, ddu
yr oedd y Chwaer Catherine.

Ro'n i'n awyddus i fynd ar y Tiwb, gan fod hynny'n

11

beth mor ddieithr i mi, ond ar fws yr aethon ni i Piccadilly Circus. Roedd y Chwaer Catherine yn od o dawel a nerfus, ac fe dreuliais i'r amser yn syllu allan drwy'r ffenestr. Pan o'n i'n ifanc iawn, byddai Mam a Tada'n mynd â ni i'r ddinas ar adegau prin. Rydw i'n ein cofio ni'n cael picnic ym Mharc Regent un diwrnod, ac yn sefyll a syllu mewn edmygedd mawr ar Balas Buckingham dro arall.

Roedd Piccadilly yn orlawn o stondinau bwyd deniadol, perfformwyr stryd, a phob math o bethau diddorol. Ro'n i'n teimlo'n llwglyd iawn, ac roedd clywed y gwerthwyr yn brolio eu tatws a'u pasteion poeth yn gwneud i fy stumog i rymblan. Cododd sawl dyn oedd yn mynd heibio ei het i'r Chwaer Catherine a sibrwd, 'Prynhawn da, Chwaer', cyn symud ymlaen.

Pryder mawr y Chwaer Catherine oedd y bydden ni'n colli ein ffordd, ac arhosodd i ofyn i blismon am gyfarwyddiadau. Yr unig beth wyddwn i oedd ein bod ar ein ffordd i westy crand yn Mayfair i gyfarfod Americanes gyfoethog.

Fe gerddon ni ar hyd nifer o strydoedd, gan droi i'r dde ac i'r chwith ac i'r dde wedyn. Ro'n i eisiau oedi yn Savile Row, i astudio ffenestri'r siopau dillad unigryw, ond teimlai'r Chwaer Catherine nad oedd ganddon ni amser i loetran. Wrth i ni gerdded ymlaen yn gyflym, ro'n i'n mwynhau edrych ar y boneddigesau a'r boneddigion ffasiynol yn rhodio'n hamddenol o gwmpas, efo'u parasolau del a'u ffyn mahogani. Roedd y merched yn gwisgo'r hetiau mwyaf rhyfeddol! Efallai fod fy ffrog i yn rhy blaen i le fel Mayfair.

Enw'r gwesty oedd Claridge's, ac roedd y lle'n edrych mor wych fel fy mod i'n swil o fynd i mewn. Roedd y Chwaer Catherine wedi aros. Efallai ei bod hithau'n teimlo'n ofnus hefyd.

'Margaret Anne,' meddai, gan swnio'n ddifrifol iawn. 'Mae'n rhaid i mi'ch atgoffa chi fod yna adegau pan mae'n well eistedd yn dawel, a gwrando'n unig.'

Mae arna i ofn fy mod i'n siarad heb feddwl yn aml iawn, yn fy awydd i ddangos fy nghlyfrwch. Pan mae'r Chwaer Catherine yn flin, mi fydd hi'n fy ngalw i'n 'eneth sosi'. Mae hynny'n peri i mi chwerthin bob tro, gan ei gwneud hi'n fwy blin fyth.

'Dim un gair,' addewais.

'Cofiwch mai Americanes ydi hi,' meddai'r Chwaer Catherine. 'Byddwch yn garedig.'

Nodiais innau. Rydw i wedi clywed fod gan yr Americanwyr acenion dychrynllyd, a'u bod braidd yn brin o nodweddion fel gwyleidd-dra ac urddas. Ond mi benderfynais atal rhag barnu, dros dro.

Roedd dau ŵr ifanc mewn siwtiau crand yn sefyll o boptu'r mynediad i'r gwesty. Y munud y gwelson nhw ni, fe agoron nhw'r drysau mawr a'n harwain i mewn. Mae'n rhaid i mi gyfaddef fy mod i'n teimlo fel tywysoges.

Dydw i erioed wedi bod mewn lle mor foethus! Roedd y lloriau o farmor ac mor loyw fel y gallwn i weld fy llun ynddyn nhw. Roedd grisiau hardd yn codi o'n blaenau, a'r nenfwd yn pefrio o siandelïers.

Gofynnodd y Chwaer Catherine i ddyn arall mewn iwnifform ddangos y ffordd i ni i'r cyntedd, lle'r oedden ni i gyfarfod Mrs Frederick Carstairs i gael te. Ymgrymodd y dyn ac amneidio arnom i'w ddilyn.

Aeth â ni i ystafell hyfryd lle'r oedd pedwarawd offerynnol yn chwarae. O'n cwmpas ym mhobman, roedd boneddigesau'n eistedd wrth fyrddau bach cywrain, a gweinyddion gosgeiddig yn dod â the iddyn nhw. Roedd yr aer yn llawn seiniau'r gerddoriaeth siambr, tincial llestri cain, a sibrydion sgyrsiau.

Cawsom ein harwain at fwrdd lle'r oedd gwraig dew, ganol oed yn eistedd. Gwisgai het wedi'i haddurno â blodau, ffrog sidan, a menig hirion, i gyd o wawr gwyrdd golau. Roedd rhywbeth yn ei hystum yn gwneud i mi feddwl am gyw colomen. Pan welodd hi ni, gwthiodd ei sbectol yn is ar ei thrwyn a syllu'n feirniadol arna i.

Cyfarchodd y Chwaer Catherine y wraig fel 'Mrs Carstairs' a'i chyflwyno ei hun iddi, gan ychwanegu, 'a dyma Miss Margaret Anne Brady.'

Astudiodd Mrs Carstairs fi'n fanwl, ac yna estynnodd ei llaw i mi. Er fy mod i'n synnu at ei hyfdra, mi atgoffais fy hun mai Americanes oedd hi, wedi'r cyfan, a'm

gorfodi fy hun i ymateb. Wedi un siglad swta, gollyngodd
fy llaw.

'Rydw i'n falch iawn o'ch cyfarfod chi, Mrs Carstairs,'
meddwn i, y tu hwnt o gwrtais. Dyna pryd y sylwais i ei
bod hi'n dal daeargi bach brown, digon cysetlyd yr olwg,
yn ei breichiau. Er bod yn well gen i gathod, rydw i'n
hoff iawn o bob anifail. 'On'd ydi o ddigon o ryfeddod,'
meddwn i, ac estyn fy llaw allan i roi anwes iddo.

'Peidiwch!' meddai Mrs Carstairs yn frathog, ei llais yn
ddigon uchel i beri i mi wingo. 'Dydi hi ddim yn hoff o
ddieithriaid!'

Erbyn hynny, roedd yr ast fach wedi dechrau llyfu fy
llaw i. Er bod golwg wedi synnu ar Mrs Carstairs, doedd hi
ddim yn ymddangos yn ddig. Cyn gynted ag yr oedden ni
wedi eistedd, a Mrs Carstairs wedi dweud wrtha i mai
Florence oedd enw'r ast, ymddangosodd un o'r gweinyddion
gyda thebotaid o de chwilboeth i lenwi'n cwpanau.

Do'n i erioed wedi gweld y fath wledd! Plataid ar ôl
plataid o frechdanau bach, crympedau, sgonau, teisennau
a *petits fours*. Rydw i bob amser ar fy nghythlwng – mae'r
Chwaer Catherine yn dweud fy mod i'n tyfu modfedd
bob pythefnos – ac ro'n i eisiau bwyta llond fy mol, ac
yna casglu'r gweddill i'w roi i Nora. Hi ydi'r plentyn
ieuengaf yn St Abernathy, ac rydw i'n hoff iawn ohoni.

Roedd Mrs Carstairs yn pigo bwyta fel dryw bach. Mi
geisiais i wneud i bob hanner brechdan bara am dri

brathiad, er y gallwn i'n hawdd fod wedi eu taro yn fy ngheg yn gyfan. Ond gan fy mod i'n gwybod y byddai fy ymddygiad i'n adlewyrchu ar y Chwaer Catherine, mi wnes fy ngorau i fod yn bwyllog.

Brechdanau ciwcymbr, samwn, cig eidion rhost, berw dŵr, caws gwyn meddal, ham wedi'i dorri'n denau – roedd yr amrywiaeth yn ddiddiwedd. Yr eiliad yr oeddech chi'n dechrau gwagio'ch plât, roedd y gweinydd yno yn ei ail-lenwi. Oherwydd hynny, mi gymerais i ato'n arw, a gwenu o glust i glust arno bob tro.

'Sut yn y byd yr ydach chi'n gallu cadw mor denau?' holodd Mrs Carstairs ym mhen tipyn, a'i llais braidd yn oeraidd.

Ro'n i'n credu mai ceisio awgrymu yr oedd hi y dylwn i fy rheoli fy hun, er i'r Chwaer Catherine brysuro i'm hamddiffyn gyda'i 'modfedd bob pythefnos'. Dilynwyd hyn â thrafodaeth fer ar pa mor dal yr ydw i o f'oed, ac fe gafodd Mrs Carstairs dipyn o sioc pan ddeallodd mai dim ond tair ar ddeg oed ydw i. Sicrhaodd y Chwaer Catherine hi ar unwaith fy mod i wastad wedi bod â hen ben ar ysgwyddau ifanc, er fy mod i'n barod i gyfaddef fod hynny'n amheus ar adegau.

'Rydw i'n synnu eich bod chi'n siarad mor goeth,' meddai Mrs Carstairs, fel petai newydd gofio fy mod innau wrth y bwrdd. 'Rydach chi'n swnio'n ddysgedig iawn.'

Er fy mod i wedi llwyddo i gadw'n dawel am beth

16

amser, ro'n i'n naturiol yn meddwl ei bod eisiau clywed rhyw sylw dysgedig, ac meddwn i, 'Oh, to be in England/Now that April's there'.

'A!' meddai Mrs Carstairs, er bod golwg braidd yn anesmwyth arni.

Wedi seibiant o dawelwch, gofynnodd ai Keats oedd piau'r geiriau. Ro'n i'n credu'n siŵr mai tynnu fy nghoes i yr oedd hi, nes i'r Chwaer Catherine sibrwd, 'Robert Browning'. Rhoddodd Mrs Carstairs ystyriaeth i hynny am rai eiliadau, cyn dweud gwaith mor dda oedd y Chwiorydd wedi ei wneud ar roi addysg i mi.

A dweud y gwir, mi alla i raffu Cocni fyddai'n gwneud i forwr wrido – fel y dylai un a gafodd ei geni yn Wapping – ond dydw i erioed wedi cael trafferth i ddynwared acenion pobl eraill. Roedd Mam yn arfer dweud fod gen i glust fain, ac y gallwn i fod yn gerddorol pe bawn i ond yn cael cyfle i ddysgu chwarae rhyw offeryn. Y *pianoforte*, dyna oedd ei gobaith hi. Rydw i'n mwynhau cerddoriaeth, ac mi fyddwn i wedi bod yn ddigon hapus efo organ geg. Unwaith, daeth Tada â chwisl dun i mi, ac mi fûm i'n ei chwythu'n ddi-baid nes i Mam benderfynu 'ei rhoi i gadw' dros dro.

Roedd gan Tada acen Wyddelig fendigedig, ac yn aml iawn pan fydden ni'n sgwrsio, mi fyddwn innau'n ceisio'i ddynwared. Byddai hynny'n rhoi difyrrwch mawr iddo, a phleser, gobeithio. Un o Swydd Cork, Iwerddon, oedd

Tada ac roedd o'n ymfalchïo yn ei wreiddiau. Fe ddwedodd sawl stori anfarwol wrtha i am yr hen wlad, a'r golygfeydd rhyfeddol sydd i'w cael yno.

Mae'r Chwaer Eulalia, a gafodd ei dwyn i fyny yn bropor iawn yn Kensington, yn rhoi pwyslais mawr ar sut i ynganu geiriau. 'H!' meddai hi'n biwis. 'Rydw i eisiau clywed eich H chi!' Yna, mae un o'r disgyblion yn dweud, yn chwap, 'Sure, and h'it's an 'eavenly diy h'out, h'it 'tis.' Ar hynny, bydd y Chwaer Eulalia yn rhoi ei phen yn ei dwylo. Yn aml iawn, rydw i'n cael fy nhemtio i'w chyfarch hi â llond ceg o'r Cocni mwyaf rhywiog. Mae'n dweud wrtha i, dro ar ôl tro, pa mor ddrygionus ydw i, ac yn fy nharo i ar draws fy migyrnau efo pren mesur rhwng pob gair.

Go brin fod hynny'n argoeli'n dda i 'nyfodol i fel pencampwraig ar y piano.

'Mae ganddoch chi natur ddymunol,' meddai Mrs Carstairs, 'ond rydw i'n synhwyro peth diriedi o dan yr wyneb.'

Ro'n i eisiau chwerthin, ond mi wyddwn na fyddai hynny ond yn cadarnhau ei hamheuon hi. Felly, y cyfan wnes i oedd plygu pen yn swil a sipian fy nhe'n sidêt. Er fy mod i'n dal yn llwglyd iawn, mi fu'n rhaid i mi fy nghyfyngu fy hun i un darn bach o deisen sbwnj.

Ym mhen tipyn, penderfynwyd fy mod i i fynd â Florence am dro bach, tra oedd y Chwaer Catherine a

18

Mrs Carstairs yn cael sgwrs breifat. Dyna pryd y sylwais fod gan yr ast goler wedi'i haddurno â gemau, a thennyn sidan, pinc golau. Arweiniais hi allan drwy'r cyntedd gwych, ac fe aethon ni cyn belled â Bond Street. Roedd Florence yn cerdded yn sionc, ac yn amlwg yn mwynhau cyfarth ar bawb – a phopeth – wrth fynd heibio. Alla i ddim deall pam ei bod hi, er enghraifft, yn casáu'r lampau nwy. Ond rhaid dweud ei bod hi'n llawn bywyd, os ydi hi'n wirion o fychan.

Pan ddychwelodd Florence a minnau i'r cyntedd, roedd y ddwy yn dal i sgwrsio, yn dawel a difrifol, ac mi glywais i'r Chwaer Catherine yn dweud '. . . geneth hynod o beniog . . . a chyfeillgar iawn.'

Ro'n i'n gyndyn o dorri ar draws sgwrs mor ddymunol. P'un bynnag, fe roeson nhw'r gorau iddi yr eiliad y gwelson nhw fi. Roedd Florence wedi neidio i 'mreichiau i, ac yn gorwedd yno'n hapus. Edrychodd Mrs Carstairs arnom. Roedd hi'n amlwg wedi dod i benderfyniad.

'Margaret Anne, hoffech chi fynd i America?' gofynnodd.

Ro'n i eisiau hynny'n fwy na dim yn y byd! 'Mi fuaswn i wrth fy modd,' meddwn i.

Dydd Sadwrn, Mawrth 30, 1912
Cartref St Abernathy i Ferched Amddifaid, Whitechapel

Alla i'n fy myw gysgu heno. Yn gynharach, mi ysgrifennais at William i ddweud y newyddion rhyfeddol, ac mae'r Chwaer Mary Gregoria yn mynd i bostio'r llythyr yn y bore. Rydw i'n teimlo'n lwcus iawn, ac eto'n ofnus. Rydw i wedi cynefino â 'mywyd yma, a dydw i ddim yn siŵr ydw i'n barod i wynebu'r holl newidiadau ar yr un pryd.

Mae Mrs Carstairs a minnau'n hwylio am America ymhen deng niwrnod, ar long o'r enw *RMS Titanic*. Yn ôl y Chwaer Catherine, ystyr RMS ydi *Royal Mail Steamer*. Cyn i ni adael y gwesty, rhoddodd Mrs Carstairs holl fanylion y daith i mi, yn ogystal â dweud beth fydd hi'n ei ddisgwyl gen i. Yn bennaf, bydd gofyn i mi fod yn gwrtais ac yn ddymunol, bod yn barod i redeg a chario, a helpu gyda beth bynnag y mae arni hi ei angen ar unrhyw adeg. Mi fedrais ei sicrhau na fyddai ufuddhau i'r rheolau hyn yn broblem yn y byd i mi, er fy mod i'n ofni y bydd tôn uchel ei llais yn rhygnu arna i. Wnes i ddim rhannu'r pryder hwnnw, wrth gwrs.

Mae Mrs Carstairs yn gynhyrfus iawn ynglŷn â'r daith, gan mai hon ydi mordaith gyntaf y *Titanic*. Dyma'r llong deithio fwyaf ysblennydd yn y byd, meddai hi, yn ogystal â'r un fwyaf i gael ei hadeiladu erioed. Wn i ddim byd am longau, ac rydw i'n barod i dderbyn ei gair hi. Mae Mr a Mrs Carstairs wedi bod yn hwylio'r Atlantic ers blynyddoedd, yn ôl pob golwg, ac wedi bod ar yr holl longau mawr, gan gynnwys yr *Olympic*, chwaer-long y *Titanic*.

Roedden nhw wedi bwriadu teithio gyda'i gilydd, ynghyd â gwas personol – a ffyddlon, debyg – Mr Carstairs. Dyna pam y bu iddyn nhw logi dau gaban ar y llong. Ond cafodd Mr Carstairs ei atal rhag mynd oherwydd ei fusnes yn y ddinas, a bydd yn ymuno â'i wraig ymhen mis neu ddau. Mae eu merch, fel mae'n digwydd, newydd roi genedigaeth i'w hŵyr cyntaf nhw, bachgen o'r enw Theodore, ac mae Mrs Carstairs yn awyddus i'w weld cyn gynted ag y bo modd. Roedd Mr Carstairs yn anfodlon iddi deithio ar ei phen ei hun, a dyna pam y bu iddyn nhw benderfynu chwilio am gymdeithes iddi.

Dydw i ddim yn rhy siŵr sut y bu i'r swydd ffodus hon ddod i'm rhan i. Rydw i'n credu iddi gael ei hysbysebu, ond efallai mai drwy gydnabod, oedd â chysylltiad â dwyrain Llundain, y daeth Mr a Mrs Carstairs i wybod am gartref St Abernathy. Bob hyn a hyn, bydd rhai merched da eu byd, sy'n awyddus i wneud daioni, yn dod i'r gymdogaeth i hyfforddi plant y tlodion ac i roi arweiniad a chyngor i'r anghenus. Mae'r boneddigesau yn galw hyn yn 'East End-ing', ac weithiau, yn llai cwrtais, yn 'slymio'. Y rhan amlaf, canolfannau a chartrefi mwy adnabyddus fel Toynbee Hall sy'n manteisio ar y gwaith elusennol, ond maen nhw'n digwydd taro ar ein cartref bach ni o dro i dro hefyd. Mae'n siŵr gen i fod rhai yn teimlo parchedig ofn, a'u bod yn ddiolchgar tu hwnt i'r boneddigesau cefnog, cydwybodol hyn, ond dydw i ddim yn un ohonyn nhw. Dydi bod yn wrthrych tosturi erioed wedi apelio ata i.

Ac eto, mae'n debyg fod ein sefyllfa ni yma braidd yn druenus, ar sawl cyfrif. Mae'r lleianod yn brin o arian, a'r lle'n orlawn bob amser. Ar hyn o bryd, mae yna o leia ugain o ferched yn rhannu'r ystafell gysgu fach – un o dair yn y cartref – ac mae'n gallu bod yn swnllyd iawn. Gan nad ydi'r ystafell ond yn gallu cynnwys deg gwely, rydan ni'n gorfod gwneud y tro ar wlâu bync. Mae Nora, nad ydi hi ond pump oed, yn cysgu oddi tana i. Mi wn i y byddai'n well ganddi gael y bync uchaf, ond gan ei bod hi'n cael hunllefau mor aml mae gen i ofn iddi syrthio allan a brifo.

Mae yna ffenestr yn union uwchben fy ngwely i, a phan fydda i'n cael trafferth i gysgu rydw i'n hoffi edrych allan ar y stryd brysur islaw. Dydi Whitechapel byth yn llonydd, ac mae yna wastad bobl o gwmpas. Mae yna dafarn rownd y gornel, ac mi fydda i wrth fy modd yn gwrando ar y canu a'r chwerthin sy'n dod oddi yno.

Tynnu am fy wyth oed yr o'n i pan ddois i yma. Na, dydi hynny ddim yn wir. Nid dod o ddewis wnes i ond cael fy ngadael yma gan William un noson oer, druenus bum mlynedd yn ôl.

Pan oedden ni fel teulu yn rhentu rhan isaf bwthyn wrth ymyl yr afon yn Wapping, roedden ni'n hapus, er mai dim ond dwy ystafell oedd ganddon ni, a llenni mwslin yn eu gwahanu. Roedd Tada'n gweithio'n galed iawn fel labrwr yn nociau Llundain. Ar adegau da, byddai'n helpu i lwytho'r cargo; pan oedd gwaith yn brin, byddai'n dadlwytho glo, ac yn dod adref cyn d</br>dued â'r frân. Roedd Mam yn eiddil iawn, ond byddai'n derbyn gwaith gwnïo pan oedd hi'n teimlo'n ddigon da. Roedd hi'n dioddef o'r diciâu, a byddai ei pheswch myglyd yn fy neffro i'n aml yn y nos. Roedden ni'n poeni'n arw yn ei chylch, ond yn ystod y dydd roedd ganddi wastad wên i ni.

Mae'n siŵr gen i ein bod ni'n dlawd, ond doedden ni byth yn mynd heb fwyd. Er bod yr arian yn brin, roedd Tada bob amser yn gwneud yn siŵr fod Mam yn cael siwgwr yn ei the a William a minnau'n cael gwydraid o lefrith. Weithiau, bob lleuad lawn, fe fydden ni'n cael gwledd o bysgod a sglodion, wedi'u lapio mewn papur newydd. Dydw i ddim yn credu fod yna ddim i'w gymharu â sglodion poeth yn syth o'r ffrïwr. Ar ôl swper, byddai Mam yn llyfnu'r papur newydd ac yn cael y rhan fwyaf o'r saim ohono fel ei bod hi'n gallu ei ddarllen. Rydw i'n ei chofio hi'n fy helpu i efo'r llythrennau a'r rhifau, a phan o'n i ychydig yn hŷn fe fydden ni'n darllen am oriau efo'n gilydd.

Un prynhawn rhewllyd o Chwefror, daeth tri dyn cyhyrog at ddrws y bwthyn, gan droelli eu capiau gwlân rhwng eu bysedd. Roedd llwyth anferth o gratiau wedi dymchwel yn y dociau, ac er bod Tada wedi gallu gwthio gweithiwr arall o'r ffordd, ni allodd ei arbed ei hun. Dywedodd y dynion, dan ruglo'u traed ac osgoi edrych i lygaid Mam, fod yn ddrwg calon ganddyn nhw.

Fe wnaeth Mam ei gorau i gadw'r teulu ynghyd. Dechreuodd weithio mewn ffatri ddillad, yn gwnïo botymau mewn ystafell boeth, glòs o fore gwyn tan nos. Roedd hi wedi teneuo'n arw, ac anaml y bydden ni'n gweld mwy na chysgod o'i hen wên. Yna, yn gynnar yn y gwanwyn, cafodd ei tharo'n wael. Wrth i'r dwymyn waethygu, ni wyddai William a minnau beth i'w wneud, ar wahân i baratoi te a cheisio ei bwydo â bisgedi gwenith. Erbyn i Mr Harris, oedd yn byw wrth ymyl, ddod â'r meddyg draw – dyn bach gwelw mewn siwt ddu – roedd hi'n rhy hwyr.

Rydw i'n ei chael hi'n anodd ysgrifennu hyn, ac fe a' i ymlaen â'r hanes rywdro eto.

Dydd Sul, Mawrth 31, 1912
Cartref St Abernathy i Ferched Amddifaid, Whitechapel

Roedd heddiw'n ddiwrnod tawel, fel pob Sul. Fe fyddwn i gyd yn mynd i offeren faith iawn, yn y bore, ac ar ôl cinio sylweddol rydan ni'n rhydd i wneud fel y mynnon ni (o fewn terfynau!) tan y pryd min nos. Mi dreuliais i'r rhan fwyaf o'r prynhawn yn bwrw golwg ar *A Midsummer Night's Dream*, ac yn ceisio peidio meddwl gormod. Rydw i wedi cael gorchymyn i ddychwelyd i Claridge's yn nes ymlaen ar yr wythnos gan fod fy nillad i'n destun pryder i Mrs Carstairs, a'i bod am i mi gael fy mesur am ddillad 'addas'. Mae hynny'n ymddangos yn wastraff arian dychrynllyd i mi, ond rydw i wedi cael ar ddeall nad oes a wnelo fi ddim â materion o'r fath. Rydw i'n casglu nad ydi arian, na phrinder ohono, yn broblem i Mr a Mrs Carstairs. Mi fyddai'n llawer gwell gen i wisgo'r dillad sydd gen i, ond pan grybwyllais i hynny wrth y Chwaer Catherine, y cyfan wnaeth hi oedd gollwng ochenaid fach, a dweud, 'Peidiwch â thynnu'n groes, Margaret Anne.'

25

Wrth i mi eistedd yma yn y llyfrgell, yn meddwl am y dyfodol, alla i ddim peidio cofio'r gorffennol hefyd. Mae William yn canmol y Trefedigaethau i'r cymylau, ond rydw i'n dal i deimlo braidd yn betrus. Prin fy mod i'n adnabod Mrs Carstairs, ac fe allai'r fordaith fod yn un anodd os na fyddwn ni'n cyd-dynnu. I'r ddwy ohonom. Mae'n siŵr gen i y bydd gofalu am Florence yn help i lenwi'r amser.

Ond pa beth bynnag sy'n fy wynebu i ar y daith, fydd hynny'n ddim o'i gymharu â'r dyddiau erchyll wedi marw Mam, pan oedd William a minnau ar ein pennau ein hunain. Am beth amser, fe gawson ni aros gyda'r McDougals, oedd yn byw dair stryd i lawr. Ro'n i wedi dod i adnabod dwy o'r merched yn ysgol y tlodion. Gan fod ystafelloedd bychain y McDougals yn orlawn, roedd yn rhaid i William a minnau gysgu mewn sachau ar y llawr ar bwys y stôf goed. Roedd y bwyd yn brin, a gwnaeth William ei orau i'n cynnal ni, fel nad oedden ni'n ormod o faich ar y teulu. Mi wn i ei fod wedi troi at ladrata yn amlach na pheidio, ond pan fyddwn i'n ei holi ynglŷn â hynny byddai'n gwylltio'n gandryll, ac mi ddysgais i ddal fy nhafod ac osgoi'r pwnc.

Byddai Mr McDougal a'i frawd Kieran yn treulio oriau yn y dafarn, ac yn dod adref yn feddw gaib. Roedden nhw'n ysu am frwydr, a byddai Mr McDougal yn dyrnu unrhyw un oedd yn meiddio edrych yn gam arno. Wedi i mi gael fy nharo unwaith neu ddwy, roedd

William yn pryderu yn fy nghylch i. Un bore, paciodd ein hychydig eiddo, ac i ffwrdd â ni.

Ond doedd ganddon ni unman i fynd, wrth gwrs. Fe fuon ni'n byw ar y strydoedd, ac yn cysgu mewn cilfachau a drysau siopau, neu unrhyw le y gallen ni gael cysgod. Weithiau, roedden ni'n llwyddo i ennill ychydig sylltau drwy slotian ar lannau'r afon a cherdded i mewn i'r dŵr budr, i geisio dod o hyd i bethau y gallen ni eu gwerthu. Clapiau o lo, darnau o raffau, cratiau wedi malu – unrhyw beth y byddai ar rywun arall ei eisiau. Tra oedd William yn ceisio cael pobl i gymryd diddordeb yn ein helfa ni, mi fyddwn i'n cropian o dan y stondinau yn y farchnad, i chwilio am fwyd oedd wedi cael ei daflu heibio. Weithiau, efallai y byddwn i'n ddigon lwcus i ddod o hyd i oren soeglyd neu grystyn o fara, ond ar adegau eraill roedden ni'n byw ar sbarion afiach neu – yn llawer rhy aml – yn llwgu.

Rydw i'n credu mai mis Rhagfyr oedd hi – roedden ni wedi hen golli cyfri o'r dyddiau – pan fu'n bwrw eirlaw yn drwm drwy'r dydd a'r nos. Er fy mod i'n wael iawn ac yn dioddef o dwymyn a pheswch cras, roedd gen i ofn mynd i'r ysbyty. Roedd William eisiau mynd â fi i ryw gartref elusennol i ferched yr oedd ffrind iddo wedi bod yn sôn amdano, ond gwrthod wnes i. Roedden ni eisoes wedi cael y ddadl honno, a do'n i ddim am i ni gael ein gwahanu – dim ond William oedd gen i bellach. Pan fu iddo fygwth fy ngorfodi i i fynd yno, mi ddwedais y byddai'n rhaid iddo gael help pob plismon yn Llundain i wneud hynny, ac mai siawns wael fyddai ganddo hyd yn oed wedyn. Yn y cyfamser, roedd niwl llaith wedi cymryd lle'r eirlaw, ond dechreuodd fwrw eirlaw eto, a hwnnw'n treiddio hyd at fêr yr esgyrn. Roedden ni'n dau'n swatio mewn cilfach, a minnau'n gwneud fy ngorau glas i gadw'r dagrau'n ôl rhwng ysbeidiau o grynu a phesychu.

'Dyna'i diwedd hi!' meddai William, yn sydyn. Gwthiodd ein heiddo ni – cwpan de graciog oedd yn perthyn i Mam, mŵg tolciog, llwy gam, carrai esgidiau, hen dun sardîns yn cynnwys gwerth ceiniog o halen, cath tsieni wedi tolcio, a thri o lyfrau Tada wedi'u staenio â dŵr – i'w sach gysgu, a'm helpu i godi ar fy nhraed.

Erbyn hynny, ro'n i mor wantan fel nad oedd gen i'r nerth i brotestio. Fe fuon ni'n cerdded a cherdded, gan na allai William gofio ble'r oedd y lleiandy. Fe gynigiodd fy ngharioi, ond ei wthio i ffwrdd wnes i a dal i faglu ymlaen. Fel bob amser, roedd trueiniaid eraill yn crwydro'r strydoedd, neu'n cwmanu mewn corneli, ond ni chymerodd neb unrhyw sylw ohonom.

Mae'n rhaid ei bod hi ar fin gwawrio, a minnau'n cysgu uwchben fy nhraed, pan arhosodd William unwaith eto.

'Dyma ti,' meddai, gan swnio'n falch. Rhoddodd fi i eistedd ar ris garreg rewllyd a lapio hen gôt Tada'n dynnach am f'ysgwyddau i.

Ro'n i'n gwybod ei fod yn mynd i 'ngadael i, ac mi ddechreuais grio cymaint fel na allwn i ddweud gair.

'Rwyt ti i aros yma,' gorchmynnodd, 'nes bydd y boneddigesau'n deffro.'

Y cyfan allwn i ei wneud oedd mwmial ei enw, ac mae'n rhaid fod William yn crio hefyd, oherwydd roedd ei lygaid yn plycio a'i lais yn floesg. Lapiodd ei freichiau amdana i, dweud mai fi oedd yr eneth orau yn y byd, ac addo dod yn ôl cyn gynted ag y gallai gymryd gofal iawn ohona i. Yna, fel roedd yr awyr yn goleuo'n araf, estynnodd ddarn o daffi i mi wedi'i lapio mewn papur gludiog.

'Gwna iddo bara nes daw'r boneddigesau allan,' meddai.

Mi wyddwn ei fod ar fin fy ngadael i am byth, ac mi geisiais godi ar fy nhraed er mwyn ei ddilyn.

'Rydw i'n erfyn arnat ti, Margaret,' meddai, a'r dagrau'n rhedeg i lawr ei ruddiau. 'Gwna fel rydw i'n deud.' Yna fe wenodd arna i – mi geisiais innau wenu'n ôl – a 'nghusanu i ar fy nhalcen cyn cerdded i ffwrdd yn gyflym. Chododd o mo'i law, na hyd yn oed edrych yn ôl. Thynnais i mo fy llygaid oddi arno nes iddo ddiflannu rownd y gornel.

Wedi iddo fynd, mi fûm i'n beichio crio nes fy mod i'n teimlo fel petai fy nghalon i ar hollti. Ro'n i'n cael andros o boen bob tro y byddwn i'n anadlu, ac roedd pob pwl o beswch cras yn gwneud i mi ysgytian. Ro'n i'n boeth ac yn benysgafn, ac roedd y lampau nwy fel pe baen nhw'n chwyrlïo o 'nghwmpas i.

Ychydig yn ddiweddarach, mi glywais garnau ceffyl yn clecian ar y ffordd, a sŵn cert yn rhoncian ymlaen. Ond ro'n i'n rhy flinedig i geisio agor fy llygaid chwyddedig hyd yn oed.

'Diar annwyl, a be 'di hyn?' meddai llais dwfn uwch fy mhen. Mi allwn i glywed clonc caniau llefrith, ac yna guro uchel ar y drws trwchus yr o'n i'n pwyso yn ei erbyn.

Gwichiodd y drws yn agored, ac roedd rhagor o leisiau i'w clywed, ond aros yn fy nghwman yng nghôt Tada wnes i, gan ddal i grio. Rydw i'n cofio syllu ar y caniau llefrith. Ro'n i mor sychedig. Roedd gen i ryw syniad y gallwn i, er mor wanllyd, gipio un o'r caniau a'i gwadnu hi oddi yno cyn iddyn nhw allu fy rhwystro. Mi estynnais i law grynedig allan hyd yn oed, ond yna mi feddyliais fel y byddai gan Mam gywilydd ohona i, a'i thynnu'n ôl.

Allwn i ddim gwneud unrhyw synnwyr o'r hyn oedd yn digwydd o 'nghwmpas i. Roedd y dyn wedi gadael, yn ôl pob golwg, a dim ond lleisiau merched oedd i'w clywed erbyn hyn. Fe fuon nhw'n sôn am alw ambiwlans yr heddlu, yn trafod i ddechrau tybed a ellid mynd â phlentyn mor wael i ganol plant eraill, ac yna tybed a oedd ganddyn nhw, wedi'r cyfan, unrhyw ddewis ond cymryd gofal o'r fath blentyn. Y peth olaf ydw i'n ei gofio ydi llaw gynnes ar fy nhalcen, ac yna rhywun yn fy nghodi ac yn fy nghario i mewn i'r adeilad.

Pan ddois ataf fy hun, oriau lawer yn ddiweddarach, ro'n i mewn ystafell foel, wen ac iddi arogl siarp, dieithr. Mi ges i wybod yn nes ymlaen mai hon oedd yr ysbyty. Roedd boneddiges mewn clogyn mawr du yn eistedd wrth erchwyn y gwely haearn, cul. Er bod ei gwisg yn fy nychryn i, roedd ganddi wyneb caredig. Rydw i'n cofio iddi fy mwydo i â llwyeidiau o gawl, a golchi fy wyneb â dŵr claear o ddysgl dun.

A dyma lle rydw i wedi bod byth ers hynny.

Dydd Llun, Ebrill 1, 1912
Cartref St Abernathy i Ferched Amddifaid,
Whitechapel

Unwaith eto, alla i'n fy myw gysgu, a dyna pam yr ydw i'n ysgrifennu hwn wrth olau'r lleuad. Rydw i wedi bod yn meddwl drwy'r dydd tybed pryd y bydd William yn derbyn fy llythyr i. Mi fydd yn ei chael hi'n anodd credu'r fath newydd syfrdanol! Oherwydd y costau ychwanegol, fyddwn ni ddim ond yn cael cyfnewid un llythyr y mis, fel rheol. Mae William yn gweithio'n galed

31

iawn fel briciwr, rhywle yn ninas Boston. Mae'n aros mewn llety sy'n cael ei gadw gan Wyddeles yn Charlestown, ardal sydd bron mor ffasiynol â Whitechapel, yn ôl William. Mae'r post yn gallu bod mor araf fel ei bod yn bosibl y bydda i wedi cyrraedd America cyn iddo gael gwybod fy mod i ar fy ffordd!

Unwaith y cyrhaedda i yno, mi fyddai'n dda gen i pe bawn i'n dal i allu mynd i'r ysgol, ond mi wn i na fydd hynny'n bosibl. Fe fydd yn rhaid i mi weithio, i helpu i'n cynnal ni. Mae'n siŵr gen i fod yn Boston, fel yn Llundain, ffatrïoedd a thafarnau a merched cyfoethog sydd angen morynion, felly mi ddylwn allu dod o hyd i waith.

Dydw i ddim wedi gweld fy mrawd ers ymron i ddwy flynedd, ond mae'n ymddangos yn hwy na hynny hyd yn oed. Mae'n siŵr ei fod wedi tyfu cryn dipyn erbyn hyn, gan ei fod bron yn un ar bymtheg oed. Am hynny a wn i, efallai mai prin y bydd William yn fy adnabod innau hefyd.

Un o'r rhesymau pam yr ydw i'n gweld ei golli gymaint ydi nad ydw i, yn anffodus, erioed wedi bod yn un am wneud ffrindiau. Nid o fwriad, ond oherwydd nad ydi'r gallu hwnnw gen i. Efallai mai'r ffaith fy mod i'n gyndyn o rannu fy nheimladau sydd i gyfri am hynny. Rydw i hefyd yn treulio gormod o amser yn darllen, ac yn cael fy nghyhuddo'n aml o siarad 'fel un o'r crachach'. Mae'r ffaith nad oes gen i'r gras i gywilyddio oherwydd hynny yn gwneud pethau'n waeth. Roedd Tada wastad yn dweud –

Yn ddiweddarach

Fe rois i'r gorau i ysgrifennu am ychydig am fod Nora'n crio yn ei chwsg unwaith eto. Gan ei bod hi mor fychan ac mor unig, rydw i'n ceisio rhoi sylw arbennig iddi. Mae hi'n dueddol o 'nilyn i o gwmpas y rhan fwyaf o'r amser, ond rydw i'n gweld hynny'n beth braf, ac yn arafu 'nghamau fel y gall hi ddal i fyny â fi. Amser swper, mae hi'n hoffi i mi ei helpu i dorri'i bwyd, a rhoi menyn ar ei bara. Mae hi'n blentyn annwyl, ac rydw i'n falch o gael gwneud hynny.

Fe eisteddais efo hi am beth amser gynnau, gan siarad yn dawel rhag i ni ddeffro'r lleill, a cheisio rhoi cysur iddi.

'Lawr y 'Dilly oeddat ti, ia?' holodd. Mae Nora'n siarad Cocni ar ei orau. 'A ge'st ti Rosy Lee?'

Fe ddwedais innau fod hynny'n hollol wir, ac i mi i fod yn Piccadilly cyn cael te blasus yn y gwesty ffansi. Ro'n i wedi dod ag ychydig o *petits fours* a brechdanau iddi, ac roedd hi wedi bwyta'r cyfan yn awchus heb adael yr un briwsionyn ar ôl. Roedd hynny'n gwneud i mi ofidio na fyddwn i wedi ceisio cadw rhagor iddi.

Yn anffodus, roedd hyn wedi ei hatgoffa fy mod i'n gadael am America'n fuan, ac fe ddechreuodd grio eto.

Fe addewais innau – fel yr o'n i eisoes wedi gwneud sawl tro – y byddwn i'n anfon tomen o lythyrau ati, a bod gobaith y gallen ni ymweld â'n gilydd ryw ddiwrnod, pan oedden ni'n dwy yn foneddigesau cyfoethog. Doedd hynny'n fawr o gysur iddi felly, er mwyn symud ei meddwl, fe ddwedais i stori hir wrthi am gathod, a Phalas Buckingham, a phentwr anhygoel o felysion. Suodd y stori hi i gysgu, o'r diwedd, ac rydw i bellach yn ôl yn fy ngwely fy hun, yn syllu allan drwy'r ffenestr.

Rydw i'n hollol sicr mai Nora a'r Chwaer Catherine fydda i'n gweld eu colli fwyaf. Er bod rhai dyddiau tan hynny, mae'n gas gen i feddwl am eu gadael, gan fy mod i'n gwybod nad oes yna fawr o obaith y gwelwn ni'n gilydd byth eto.

Un o'r pethau anoddaf mewn bywyd ydi ffarwelio â phobl.

Dydd Mawrth, Ebrill 2, 1912
Cartref St Abernathy i Ferched Amddifaid,
Whitechapel

Mae niwl yn cuddio'r lleuad heno, a phrin y galla i weld i ysgrifennu. Dydi fy llawysgrifen i ddim yn rhywbeth i'w edmygu ar y gorau, o ran hynny.

Wedi i William fy ngadael i yma yn St Abernathy, aeth misoedd lawer heibio cyn i ni weld ein gilydd. Ro'n i'n poeni amdano drwy'r amser, yn meddwl tybed ble'r oedd o, sut yr oedd o'n ymdopi ar ei ben ei hun, a hyd yn oed a oedd o'n dal yn fyw ai peidio. Yna, un prynhawn Sul, daeth yr ieuengaf o'r chwiorydd Murphy – mae pedair ohonyn nhw yma, a phob un yn llanast o frychni haul – i ddweud wrtha i fod yna ddyn ifanc yn aros i 'ngweld i yn yr ystafell ymwelwyr. Ro'n i mewn penbleth i ddechrau, gan nad ydw i'n adnabod yr un dyn ifanc. Yna, pan sylweddolais i na allai hwnnw fod yn neb ond William, ro'n i ar ben y byd.

Mi redais allan o'r llyfrgell mor gyflym nes dychryn Molly Murphy – ond fe gafodd y Chwaer Judith fwy o fraw fyth pan ruthrais i'n glec i mewn iddi hi y tu allan i'r gegin.

Safai William wrth y ffenestr, yn edrych allan ar y diwrnod tywyll, glawog. Roedd yn gwisgo pwlofer denau, ddu, ac roedd cap brethyn yn hongian allan o un o bocedi ei drowsus rhacslyd. Dyna'r tro cyntaf erioed i mi ei weld mewn trowsus llaes. Er bod ei wyneb a'i ddwylo'n lân iawn, roedd ei ddillad yn barddu i gyd, ac edrychai flynyddoedd yn hŷn. Roedd y Chwaer Eulalia wedi ei sodro ei hun wrth y drws, a golwg amheus iawn ar ei hwyneb. Dydi merched St Abernathy byth yn croesawu dynion ifanc i'r cartref. Mae'n siŵr gen i fod y Chwaer Mary Gregoria, hefyd, yn llercian o fewn cyrraedd.

'William!' meddwn i yn llawen.

Trodd ata i, a gwên yn goleuo'i wyneb.

'Wel yn y wir, on'd ydi hi'n dal!'

'Wel yn y wir, on'd ydan ni'n cael powlenni a phowlenni o uwd yma,' atebais innau.

Dyna'r ddau ohonon ni'n chwerthin, tra oedd y Chwaer Eulalia – sy'n helpu i baratoi'r bwyd – yn gwgu. Fe gyflwynais i William iddi, ac ymhen rhai munudau fe aeth allan i eistedd yn y neuadd er mwyn rhoi cyfle i ni ddal i fyny â'r newyddion.

Ac roedd cymaint i'w drafod! Mae'n rhaid i mi gyfaddef i mi grio fy siâr. Roedd cael ei weld ar ôl misoedd o boeni yn ei gylch yn beth mor ardderchog.

Roedd William wedi dod â bagiad bach o daffi a licris i mi, ac fe rannon ni nhw. Ro'n i'n credu fy mod i wedi anghofio sut oedd gwenu o glust i glust. Am beth amser, wedi i ni wahanu, bu William yn dal ati i gribinio glannau'r afon, ond heb fawr o lwc. Ceisiodd gael gwaith yn un o'r bragdai, neu'r ffowndri, ond dweud yr oedden nhw ei fod yn rhy ifanc. Newidiodd ei lwc pan ddigwyddodd gyfarfod hen ffrind i Tada ar y stryd un diwrnod. Gyda help Mr Daniels cafodd waith yn y dociau a llety rhad mewn cartref i forwyr. Er nad oedd y llety'n grand, a dweud y lleiaf, nid wyrcws na chartref plant drwg oedd o, ac roedd William yn ddiolchgar am hynny. A minnau hefyd.

O hynny ymlaen, byddai'n galw i 'ngweld i bob Sul. Ro'n i'n ei chael hi'n haws dygymod o wybod y gallwn i edrych ymlaen at hynny, ac âi'r wythnosau heibio'n gyflymach. Byddai'n dod ag anrheg i mi bob tro – taffi, neu bapur newydd, ond yr un gorau o'r cyfan oedd bwndel bach o sglodion poeth. Ro'n i eisiau talu'n ôl iddo, ac fe aeth y Chwaer Catherine ati'n amyneddgar iawn i 'nysgu i i wau fel y gallwn i wneud sgarff yn anrheg pen blwydd iddo. Un digon di-lun oedd hi, a dweud y lleiaf, ond roedd William wedi ei blesio'n arw.

Yn haf 1910, cafodd William gynnig gwaith fel gwas caban ar long nwyddau oedd yn cychwyn am America. Er ei fod yn anfodlon fy ngadael i ar fy mhen fy hun yn Llundain, fe gytunon ni y byddai ganddo lawer gwell cyfle i ddod ymlaen yn yr Unol Daleithiau. Y syniad oedd y byddwn i'n ei ddilyn pan o'n i'n hŷn, ac yntau wedi ennill digon o arian i dalu fy nghludiad i.

Dyn annymunol iawn oedd capten y stemar, a bu'r fordaith yn un anodd i William. Roedd yr oriau gwaith yn hir a chaled, ac yntau'n byw ar ddim ond bisgedi a dŵr drwy'r amser oherwydd ei fod yn dioddef o salwch môr.

Mae meddwl am hynny'n gwneud i mi deimlo'n annifyr. Beth pe bawn i'n sâl môr hefyd? Cymdeithes anfoddhaol iawn fyddwn i wedyn, mae arna i ofn. Dydw i erioed wedi bod ar na chwch na llong – na hyd yn oed wedi mentro i'r dŵr, ar wahân i wlychu bodiau fy nhraed yn afon Tafwys. Ond mae'n debyg nad ydi poeni am hynny o unrhyw les. Y cyfan alla i ei wneud ydi aros a gweld – a phigo bwyta fel dryw bach (neu Mrs Carstairs!) drwy gydol y fordaith, efallai.

Wel, y bore ddaw, a hynny'n gynt nag y byddwn i'n ei ddymuno, felly mae'n well i mi roi'r gorau i ysgrifennu am heno.

Oes 'na ddim hen draddodiad o gyfri defaid os ydi rhywun yn methu cysgu? Efallai y rho i gynnig ar hynny . . .

Heddiw mi es i'n ôl i'r ddinas i gyfarfod fy nghyflog-wraig newydd eto. Y tro hwn, mi ges i ganiatâd i fynd ar fy mhen fy hun, er i'r Chwiorydd roi sawl cyfarwyddyd i mi, a'm rhybuddio i gadw'r arian mân yr oedden nhw wedi'i roi i mi mewn gwahanol bocedi, fel y byddwn i'n ddiogel rhag dihirod a lladron. Mae gen i beth profiad o ladron, ond rydw i'n berffaith sicr na fu i mi erioed adnabod dihiryn – na gweld un o bellter hyd yn oed.

Roedd y ffrog yr o'n i'n ei gwisgo o doriad di-lun, a'r lliw marŵn, dwl, yn waeth fyth. Merch oedd am gael ei derbyn i urdd y lleianod, ond yn methu dygymod ag awyrgylch y cartref ac wedi cael ei symud i leiandy mwy traddodiadol, oedd wedi ei gadael ar ôl, ynghyd â phentwr o ffrogiau anaddas eraill. Dydw i ddim yn cofio'r ferch, ond roedd yn amlwg oddi wrth faint y ffrog ei bod hi'n dal, ac ymhell o fod yn denau. Aeth y Chwaer Judith a'r Chwaer Catherine ati i gyflawni'r driniaeth angenrheidiol gyda dyrneidiau o binnau, a'm rhybuddio i beidio â symud gormod, os oedd hynny'n bosibl.

39

'Ond beth pe bawn i'n cyfarfod â dihiryn, ac yn gorfod dianc oddi wrtho?' holais i.

Bu meddwl am y posibilrwydd dychrynllyd hwnnw'n ddigon i fygu'r pwffian chwerthin yr o'n i wedi'i ddisgwyl, ac ail-gynnau'r pryder.

Felly, i ffwrdd â fi am Claridge's unwaith eto. Efallai fod yna ffordd fyrrach, ond ail-ddilyn ein taith ar y bws wnes i, er mwyn cael mwynhau tro arall drwy Piccadilly Circus. Ond mi lwyddais i osgoi'r demtasiwn o brynu rhywbeth i'w fwyta, gan fy mod i'n cymryd yn ganiataol y byddai digon o fwyd yn fy aros i yn y gwesty. Wedi'r cyfan, roedd hi'n tynnu at amser te.

Ro'n i wedi gobeithio y bydden ni'n cyfarfod yn y cyntedd, fel y gallwn i fwynhau gwrando ar y pedwarawd unwaith eto, ond roedd Mrs Carstairs wedi anfon un o'r gweision i lawr i aros amdana i. Arweiniodd fi i fyny i'w swît, lle'r oedd y te wedi'i baratoi. Ro'n i braidd yn bryderus o gofio nad oedd fy ymddygiad i wrth y bwrdd wedi plesio'r tro cynt, ond yna mi welais ddwy ferch ifanc ffwdanus a llond eu dwylo o dapiau mesur, pinnau ac ati. Ro'n i wedi anghofio, wrth gwrs, fy mod i gael fy mesur am ddillad 'addas'. Cerddai Florence yn dalog yn ôl a blaen heibio i'r ddwy, gan roi chwyrnad ffyrnig, os braidd yn wichlyd, bob hyn a hyn. Roedd hynny'n gwneud y merched yn anesmwyth, a dweud y lleiaf.

'Helô, Florence,' meddwn i.

Ysgydwodd ei chynffon, cyn ailddechrau strytian yn benuchel.

Allwn i ddim dweud pa mor fawr oedd y swît, gan nad o'n i ond wedi gweld y cyntedd, ond roedd o'n ymddangos fel palas. Daeth Mrs Carstairs drwodd i'r cyntedd, yn gynnwrf i gyd. Roedd hi'n dewach ac yn fwy afrosgo nag yr o'n i wedi sylweddoli. A barnu oddi wrth yr olwg ar ei hwyneb pan welodd hi fi, a'r modd yr oedd hi'n llygadu fy ffrog ddi-siâp i, ro'n innau, mae'n amlwg, yn fwy dosbarth gweithiol nag yr oedd hi wedi sylweddoli.

'Prynhawn da, Margie,' meddai, yn eitha clên.

Margie? Ond mi wnes i ei chyfarch hi'n ddymunol iawn, er hynny – ac wrth ei henw cywir, hefyd.

Chwifiodd ei llaw i gyfeiriad y ddwy ferch welw, nerfus. 'Dyma Hortense, a Mabel. Gofalwch eich bod chi'n rhoi pob cymorth iddyn nhw.' Yna trodd at y merched a dweud, 'Fel y gwelwch chi, mae hon yn sefyllfa ddifrifol.'

Mi es i'w canlyn i ystafell eistedd heulog, lle'r oedd te wedi'i osod ar fwrdd wedi'i orchuddio â lliain les. Roedd dyn yn eistedd wrth y bwrdd, yn darllen papur newydd ac yn clirio'i lwnc bob hyn a hyn. Er ei fod yn brin o wallt roedd ganddo locsyn clust brith, trwchus.

'Frederick,' meddai Mrs Carstairs, 'dyma Margaret Jane Brady, sy'n mynd i fod yn gwmni i mi ar y daith.'

Jane?

41

Tynnodd hynny sylw Mr Carstairs, a safodd gan ymgrymu'n filitaraidd. 'Ie, ie, balch o'ch gweld chi,' meddai, â gwên fach amyneddgar, ond ansicr.

Ro'n i'n falch na ddangosodd unrhyw awydd i ysgwyd llaw. 'Mae'n bleser eich cyfarfod chi, syr,' meddwn i, er i mi gael fy nhemtio i'w alw'n 'guv', er mwyn rhoi sioc i bawb.

'Mae'i dillad hi'n gyffredin iawn, ond rydw i'n credu y gwnaiff hi'r tro,' meddai Mrs Carstairs. 'Ydach chi'n cytuno, Frederick?'

Nodiodd Mr Carstairs yn galonnog, er ei fod yn dal i syllu ar ei bapur. 'Ie, ie. Hyfryd iawn.'

'Rhagorol,' cynigiais innau.

Edrychodd i fyny. 'Ie, ie. Rhagorol.'

'Rydw i am iddi gael ei mesur rŵan,' meddai Mrs Carstairs.

Yno, yng ngolwg pawb? A oedd yr Americanwyr yn baganiaid llwyr?

Mi synhwyrais beth braw yn dod o gyfeiriad Mr Carstairs hefyd, ond roedd Mrs Carstairs eisoes yn fy nhywys i i ystafell wisgo fechan. Welais i erioed y fath gasgliad o ddillad crand. Ac, O, yr esgidiau! Llond y lle o esgidiau sgleiniog, hollol anymarferol.

Cafodd Hotense a Mabel eu siarsio gan Mrs Carstairs i wneud eu gwaith yn drylwyr, ac yna meddai, 'Wedi iddyn nhw orffen, Margie, fe allwch ymuno â ni am de.'

Mae'n gas gen i lysenwau, ond go brin y byddai tynnu sylw at hynny wedi cael unrhyw effaith.

Cafodd Hortense a Mabel gryn drafferth i fy natbinio i o'r ffrog. Er mai merched siop oedden nhw, ac nid boneddigesau, roedd yr olwg oedd arna i yn amlwg yn eu tramgwyddo, ac mi gwelais i nhw'n tynnu wynebau fwy nag unwaith. Anwybyddu hynny wnes i, fodd bynnag, ar wahân i ddynwared chwyrnad Florence unwaith, dim ond er mwyn eu gweld yn gwingo.

Wedi iddyn nhw orffen y gwaith cymhleth o fesur, a chyfnewid sylwadau o dan eu gwynt, roedd yn rhaid wynebu'r sialens o fy mhinio i'n ôl i'r ffrog.

'Chi ddaru bigo hon i fyny?' holodd un ohonynt, ym mhen tipyn.

'O, ia,' meddwn i. 'Pan syrthiodd hi oddi ar gefn lorri fach yn Whitechapel.'

Dyna'r ddwy yn taflu cipolwg 'ro'n i'n amau braidd' ar ei gilydd, ac yn edrych arna i ychydig yn fwy tosturiol na chynt. Unwaith yr oedden nhw wedi gorffen pinio ac wedi cael eu danfon allan gan un o forynion y gwesty, mi sylweddolais fy mod i'n cael mwy fyth o drafferth i symud. Roedd eistedd i lawr yn addo bod yn sialens.

Ro'n i'n fodlon wynebu'r her, fodd bynnag, ond i mi gael claddu i'r bwyd blasus. Roedd fy nghinio i o fara a jam yn teimlo fel atgof o rhyw orffennol pell.

Cododd Mr Carstairs ar ei draed pan gerddais i mewn.

Mi eisteddais innau'n ddi-oed, a chawod fach o binnau'n dianc yn fy sgil. Ni chyfeiriodd y naill na'r llall at hyn, er i Mrs Carstairs, o leiaf, sylwi – a gwgu.

'Rydw i'n gwerthfawrogi popeth yr ydach chi'n ei wneud ar fy rhan i, Mrs Carstairs,' meddwn i, yn gwrtais iawn, 'ac yn pwyso arnoch chi i beidio mynd i ormod o drafferth.'

'Ia, wel,' meddai, mewn ennyd.

Prin iawn oedd y sgwrs, ac ni wnaeth Mr Carstairs fawr mwy na nodio a rhoi ebwch o 'ie, ie' o dro i dro. Roedd ei weld yn yfed coffi yn tarfu'n arw arna i – ond ar wahân i hynny roedd o'n ymddangos yn hen foi digon dymunol, os braidd yn anniddorol. Bu'r naill neu'r llall yn bwydo Florence drwy gydol yr amser, a hithau'n eistedd ar lin y ddau am yn ail. Bob hyn a hyn, byddai'n dod ata i hefyd, a minnau'n rhoi tamaid o ham neu gyw iddi, ond doedd hi ddim am gyffwrdd y berw dŵr.

'On'd ydi hwn yn westy gwych, Mrs Carstairs,' meddwn i, er mwyn cyfrannu at y sgwrs.

'Mi fyddai'n well gen i aros yn y Savoy, wrth gwrs, ond –' gan giledrych ar ei gŵr – 'mae'n well gan Frederick fod yma.'

Fel mae'n digwydd, roedden nhw'n mynd i'r theatr heno, ac wedi archebu bwrdd mewn tŷ bwyta o'r enw Romano's, felly bu'n rhaid i mi adael yn fuan wedyn. Atgoffodd Mrs Carstairs fi, drosodd a throsodd, fy mod i ddychwelyd bore dydd Mawrth, wedi pacio ac yn barod i adael. Fe fydden ni'n teithio ar y trên i Southampton, ac yn hwylio drannoeth. Ro'n i'n teimlo iasau o gynnwrf ac ofn bob tro yr oedd hi'n mynd dros y cynlluniau. Dywedodd Mr Carstairs fod fy nghyfarfod i wedi bod yn bleser; cytunais innau; aeth Mrs Carstairs dros y trefniadau am y tro olaf, yna mi rois i anwes i Florence a'i chychwyn hi am y drws.

'Felly, rydw i i ddychwelyd – fin nos Fercher?' meddwn i, o ran hwyl.

Roedd wyneb Mrs Carstairs wedi gwelwi cymaint fel fy mod i'n teimlo braidd yn bryderus ar y pryd. Ond y cyfan ddywedodd hi oedd, 'Rydach chi'n eneth bowld iawn, Margie.'

Mi gytunais i'n raslon â'r sylw hwnnw – ac i ffwrdd â fi.

Dydd Iau, Ebrill 4, 1912
Cartref St Abernathy i Ferched Amddifaid, Whitechapel

Amser brecwast heddiw, dywedodd Bridget Murphy wrtha i fy mod i'n hoiti-toiti, yn hwylio i America gyda boneddiges gyfoethog. Nodiais innau a dweud fy mod i, yn wir, yn rêl pen bach, ac mi ges i dafod gan y Chwaer Eulalia am fod mor ffroenuchel. Allwn i ddim anghytuno'n hawdd – ond dyna wnes i, fodd bynnag, o ran diawledigrwydd. Methodd y Chwaer Eulalia â gweld unrhyw ddigrifwch yn hynny.

Yn ystod y wers rifyddeg, aeth fy meddwl i grwydro, ac allwn i ddim canolbwyntio hyd yn oed pan symudon ni ymlaen i drafod llenyddiaeth. Ro'n i'n meddwl am sawl peth, ond yn bennaf ro'n i'n ceisio dyfalu sut beth fydd treulio'r holl ddyddiau yn teithio ar draws y môr, a hynny yng nghanol boneddigion ariannog. Yn ôl pob golwg, mae amryw ohonyn nhw ymhlith y bobl gyfoethocaf yn y byd! Gobeithio na fydda i'n ymddangos yn rhy wahanol. Mae'n siŵr y bydd fy statws isel i yn amlwg i bawb – yn arbennig rhai o dras Seisnig. Rydw i'n gobeithio fod y Chwaer Catherine yn iawn a'i bod yn bosibl osgoi anawsterau drwy ddal tafod, a gwenu bob hyn a hyn. Mi fydd yn rhaid i mi gofio meddwl cyn siarad. Rydw i am fod yn glod i'r Chwiorydd, ac i Mam a Tada annwyl, ac felly bydd yn rhaid i mi gadw'r duedd i gamfyhafio dan reolaeth.

Yma yn Whitechapel, mae tlodi'n beth cyffredin. A dweud y gwir, dydi hynny ddim hyd yn oed yn ddiddorol. Ond rydw i'n cyfaddef fy mod i'n ei chael yn anodd deall pam y mae'r rhan fwyaf o ferched, unwaith y byddan nhw'n gadael y cartref, yn ddigon hapus o gael gwaith mewn ffatri, priodi rhyw fachgen clên, a threulio gweddill eu dyddiau o fewn tafliad carreg i'r fan yma. Bydd y rhan fwyaf, dybia i, yn ddigon bodlon byw bywyd undonog, digynnwrf. Dydw i ddim yn siŵr beth ydw i ei eisiau, ond mi wn i ei fod yn rhywbeth mwy na'r hyn yr ydw i'n ei weld bob dydd. Rydw i'n gobeithio y bydda i'n dysgu cryn lawer ar y daith, ac y galla i wneud defnydd da ohono yn ystod fy mywyd. Byddai'r merched yn dweud mai rhodres ydi hyn, ac efallai eu bod nhw'n iawn. Ond mae America'n cael ei hystyried yn wlad o gyfleoedd di-ben-draw, a wela i ddim rheswm pam na ddylwn i geisio fy ngwella fy hun.

O diar. Rydw i'n credu fod y Chwaer Eulalia newydd sylweddoli fy mod i'n ysgrifennu rhywbeth ohonof fy hun, yn hytrach na chanolbwyntio ar ddysgu berfau. Mae golwg ddig iawn arni, felly mae'n well i mi roi'r dyddiadur yma o'r neilltu. Y munud yma.

Y bore 'ma, aeth y Chwaer Catherine â fi i offeren y Pasg yn eglwys blwyf Sant Botolph. Eglurodd mai Sant Botolph ydi nawdd sant teithwyr, a'i bod am wneud yn siŵr fy mod i'n gadael gyda'i fendith. Roedd yr offeren yn hollol wahanol i'r un yr ydw i'n gyfarwydd â hi, a'n cyd-addolwyr yn griw cymysg iawn – yn amrywio o ferched stryd i'r rhai mwyaf eithafol o grefyddol. Ond oherwydd mai'r Pasg oedd hi, roedd pawb yn edrych ar eu gorau, ac mi ges i'r profiad yn un digon pleserus.

Ar y ffordd adref galwodd y Chwaer Catherine mewn siop fach i brynu lemonêd a thaffi. Fe eisteddon ni ar hen fainc bren i fwynhau'r tamaid i aros pryd, heb ddweud fawr ddim. Mi wyddwn, oddi wrth yr olwg synfyfyriol ar wyneb y Chwaer Catherine, ei bod hi'n drist iawn heddiw.

'Rydw i am i chi ddeall nad oes ganddon ni byth ffefrynnau,' meddai, yn sydyn reit. 'Fyddai hynny ddim yn deg.'

Nodiais i; nodiodd hithau; ac fe eisteddon ni yn yr haul i orffen ein taffi.

Dydd Llun, Ebrill 8, 1912
Cartref St Abernathy i Ferched Amddifaid, Whitechapel

Hon ydi fy noson olaf i yma. Rydw i'n eistedd wrth y ffenestr fel arfer, ac yn teimlo braidd yn ddagreuol. Daeth y Chwaer Judith o hyd i hen fag teithio yn arogli o lwydni, ac mi es innau ati yn ystod y min nos i'w bacio â dillad isaf a hosanau, coban nos, pwlofer frown, fy ffrog frethyn, côt wlân Tada a chath tsieni Mam. Wedi meddwl rhagor, mi dynnais i'r gath allan. Rydw i am ei rhoi i Nora i gofio amdana i. Mi wn i na fyddai Mam ddim dicach – a ph'un bynnag mae ei loced arian hardd hi yn dal gen i. Rydw i'n ei gwisgo ddydd a nos, yn agos at fy nghalon. Efallai fod y loced braidd yn dolciog ac wedi colli'i sglein, ond dydi hynny'n tynnu dim oddi wrth ei gwerth i mi. Rydw i am gadw copi Tada o *Hamlet*, ond fe dorra i fy enw o dan ei un o yn y gyfrol o sonedau a'i rhoi i'r Chwaer Catherine yn y bore. Rydw i'n gobeithio y bydd hi'n ei hoffi.

Tybed a ydi William wedi derbyn fy llythyr i? Mae'n amheus gen i. Er, mi fyddai'n braf gwybod ei fod yn fy nisgwyl i. Ond dydw i ddim yn credu y bydd ots ganddo gael ei ddal yn ddirybudd, chwaith. A fydd dim rhaid iddo boeni bellach ynglŷn â gwario'r arian y bu'n ymlafnio i'w cynilo er mwyn talu fy nghludiad i.

Ar y cyfan, rydw i'n meddwl fod Mrs Carstairs yn fy ngwneud i bron mor nerfus ag yr ydw i'n ei gwneud hi, felly diolch byth am Florence. O leiaf mi fydd gen i un ffrind ar y llong. Pan gyrhaedda i Boston, rydw i'n gobeithio y bydd William yn fodlon i ni gael cath neu ddwy – ac efallai gi hefyd. Rydw i wastad wedi bod eisiau anifeiliaid anwes.

Yn ystod swper heno cawsom deisen driphwys ac eisin arni i ddathlu fy ymadawiad i, ac roedd pawb yn curo dwylo. Efallai eu bod nhw'n falch o gael fy ngwared i. Ar wahân i Nora, wrth gwrs. Crio wnaeth hi. Mi rois i fy siâr i o'r deisen iddi, a bu hynny'n rywfaint o help. Yn ddiweddarach, mi ofynnais i i Shirley Hallowell – geneth glên, newydd gael ei deuddeg oed – a oedd hi'n fodlon cadw llygad ar Nora wedi i mi adael. Cytunodd hithau ar unwaith, ac fe wnaeth hynny i mi deimlo ychydig yn llai euog.

Mae'n anodd credu y bydda i mewn rhan hollol wahanol o Loegr yr adeg yma yfory – ac ar fy ffordd i ddechrau bywyd cwbl newydd!

Dydd Mawrth, Ebrill 9, 1912
Gwesty'r South Western,
Southampton, Lloegr

Dyma fi, mewn ystafell hyfryd yn y gwesty. Ac mae gen i ystafell ymolchi i mi fy hun hefyd! Dydw i erioed wedi profi'r fath foethusrwydd. Mi fûm i'n gorwedd am hydoedd yn y bàth, o dan drwch o swigod sebon persawrus. A chymaint o ddŵr poeth ag o'n i ei eisiau! Yna, mi sychais fy hun â thywel cynnes, gwlanog, gan deimlo fel y Frenhines ei hun. Mae'r gobennydd ar fy ngwely i yn foliog o blu, a'r fatres mor feddal â chwmwl. Mae Mrs Carstairs yn yr ystafell drws nesaf, yn cael yr hyn y mae hi'n ei alw yn 'gwsg harddwch'. Mi fyddwn i'n tybio y byddai unrhyw un fyddai'n cysgu yn un o'r gwlâu rhyfeddol hyn yn deffro'n hardd ei olwg.

Amser brecwast, dymunodd pawb yn dda i mi. Am unwaith, doedd gen i ddim awydd bwyd, a'r cyfan wnes i oedd sipian ychydig o de. Yna, yn ôl â fi i'r ystafell wely, a mynd trwy gynnwys y bag teithio am y tro olaf. Daeth y Chwaer Judith â Nora i mewn, ac eisteddodd y ddwy ohonom ar ei bync hi am beth amser. Rhoddais gath tsieni Mam iddi, a gwneud fy ngorau i atal ei dagrau.

'Ti'n mynd lawr y llong fawr rŵan?' holodd, o'r diwedd.

Nodiais, gan frwydro i gadw fy nagrau innau'n ôl. Addewais dynnu llun o'r *Titanic* iddi a'i bostio'n syth bìn, fel y câi edrych arno pryd y mynnai.

'Isio chdi yn y llun,' mynnodd. 'A Florence.'

Gafaelais yn dynn amdani, nes i'r Chwaer Judith ddweud ei bod yn bryd i mi gychwyn, gan na fyddai'n 'gwneud y tro' i mi fod yn hwyr. Y peth olaf welais i, wrth edrych yn ôl, oedd Nora'n crio ac yn cydio'n y gath tsieni, ei choesau'n hongian yn ddiymadferth dros erchwyn y gwely gan ei bod mor fechan. Fe wnaeth hynny i mi frifo'r tu mewn, a bu'n rhaid i mi droi i ffwrdd.

Mi ffarweliais â'r rhan fwyaf o'r Chwiorydd yn eitha ffurfiol. Rhoddodd y Chwaer Mary Gregoria arian i mi dalu am fy nhocyn bws, a dwy bunt 'ar gyfer argyfwng'. Ro'n i'n ddiolchgar iawn iddi am hynny, ac mi gadwais i'r arian yn ddiogel yn fy mhoced.

Yna daeth y Chwaer Catherine i 'nanfon i i'r sgwâr, lle'r o'n i i ddal y bws. Tra oedden ni'n aros, rhoddodd ddwy bunt arall i mi, a nifer o sylltau. Does gen i ddim syniad sut y llwyddodd hi i gasglu'r fath swm, ond ro'n i'n siŵr y byddai gwrthod ei dderbyn yn dangos diffyg parch. Felly mi gymerais i'r arian, gan ddiolch yn fawr iawn iddi.

'Os byddwch chi byth angen –', meddai, gan adael y frawddeg ar ei hanner.

Nodiais, cyn estyn am lyfr Tada a'i roi iddi. 'Diolch i

chi am bob dim,' meddwn i. 'Rydw i wedi dibynnu'n arw iawn arnoch chi.'

Roedd y casglwr tocynnau yn dechrau colli amynedd, ac allwn i ddim oedi rhagor. Yn Claridge's, mae'n siŵr fod Mrs Carstairs yr un mor ddiamynedd.

'Dim ffefrynnau,' meddwn i.

Gwenodd y Chwaer Catherine. 'Na. Byth.'

Mi fûm yn syllu drwy ffenestr y bws nes i mi golli golwg arni. Mi wn i y bydda i'n gweld ei heisiau hi am byth. Rhaid i mi gadw cofnod manwl o'r daith fel y galla i ei rannu â hi ryw ddiwrnod.

Er i mi gyrraedd y gwesty ugain munud yn gynnar, roedd Mrs Carstairs yn bryderus iawn. Syllodd ar fy nillad teithio – yr un ffrog las tywyll y bu i mi ei gwisgo y tro cyntaf i ni gyfarfod – a gollyngodd ochenaid fach. Roedd Mr Carstairs wedi ymgolli yn ei bapur a'i goffi, er iddo nodio'n glên pan welodd o fi.

Roedd nifer helaeth o gesys a chistiau wedi eu pentyrru wrth y drws – wyth neu ddeg ohonyn nhw, dybia i. Edrychai fy mag teithio bach di-siâp i yn dila iawn wrth eu hochr. Yn y cyfamser, roedd Mrs Carstairs yn gwibio o gwmpas, yn ffidlan gyda'i gwallt, yn cwyno fod pethau wedi cael eu rhoi yn y lle anghywir, ac yn gwneud i mi deimlo'n nerfus. Pranciai Florence wrth ei sodlau, gan fwynhau'r holl brysurdeb i'r eithaf.

'Mr Carstairs, syr?' meddwn i'n betrus, pan oedd ei wraig yn brysur yn yr ystafell wisgo. 'Sut ydan ni'n mynd i allu cael yr holl baciau yna ar y bws?' Yn bwysicach fyth, oedden nhw'n disgwyl i mi eu cario?

Chwerthin yn galonnog wnaeth Mr Carstairs, gan ysgwyd ei ben, a dychwelyd at ei bapur.

Fel mae'n digwydd, cyrhaeddodd un o borthorion y gwesty yn fuan wedyn i gludo'r llwyth paciau i ffwrdd. Roedden ni i gael ein danfon mewn car i orsaf Waterloo, ac yna fe fydden ni'n mynd ar y trên i Southampton, ar lan y môr. Er syndod i mi, roedden ni'n teithio mewn un cerbyd mawr, du, a'r paciau'n ein dilyn mewn cerbyd arall.

Cyn gynted ag y cyrhaeddon ni'r orsaf, ymddangosodd llond gwlad o borteriaid i gipio'r cesys a'r cistiau ymaith. Aeth Mr Carstairs i nôl ein tocynnau ac i weld a oedd ein seddau ni'n dderbyniol. Roedd Mrs Carstairs yn dal ati i sychu'i llygaid â hances les, a gan fy mod i'n synhwyro y gallai'r ffarwelio fod yn un dagreuol, cynigiais fynd â Florence am dro ar hyd y platfform. Ro'n i wedi meddwl y byddai'r lle yn orlawn o deithwyr, ond yn ôl Mr Carstairs byddai'r rhan fwyaf yn teithio ar y trên llong fore trannoeth.

Roedd Mrs Carstairs yn dal i golli dagrau pan gychwynnodd y trên. Cododd bawen Florence, a'i chwifio ar ei gŵr, a oedd yn dal i sefyll ar y platfform islaw. O ran parch, mi geisiais i gelu fy nghyffro o fod yn gadael Llundain am y tro cyntaf yn fy mywyd. A dweud y gwir, do'n i erioed wedi bod ar drên hyd yn oed, ac roedd ei bwffian a'i chwibanu yn rhoi modd i fyw i mi.

Byddai meddwl tybed a fyddwn i'n dychwelyd rywdro i'r ddinas lle ces i fy magu wedi bod yn ormod i mi, ac mi geisiais i ganolbwyntio ar edrych allan drwy'r ffenestr, er bod honno'n stremp o barddu. Roedd y gwydr yn teimlo'n oer yn erbyn fy mysedd, a'r paneli coed tywyll oddi tani yn sgleinio o gwyr. Ro'n i'n poeni y gallwn i fod wedi gadael ôl bys ar un o'r paneli, ac mi rwbiais i'r lle yr o'n i wedi'i gyffwrdd â llawes fy ffrog, cyn suddo'n ôl i'r clustogau glas. Roedd y sedd yn gyfforddus iawn.

Er mawr syndod i mi, roedd Mrs Carstairs a Florence wedi syrthio i gysgu bron cyn i ni adael y ddinas, a'r ddwy yn gwichian dros y lle.

Erbyn hynny, roedden ni'n mynd heibio i resi taclus o dai bach brics coch. Symudai'r trên mor gyflym fel fy mod i'n teimlo braidd yn sâl ac ro'n i'n falch i mi fynd heb frecwast.

Bob hyn a hyn, byddai'r trên yn arafu ac yn rhoi sgrech wrth stopio, a'r archwiliwr tocynnau yn gweiddi, 'Surbiton!' neu, 'Woking!' neu ryw enw arall oedd yn ddieithr i mi. 'Teithwyr yn unig, os gwelwch chi'n dda,' meddai, 'Tân arni!' Yna, wedi seibiant byr o grynu yn yr unfan, i ffwrdd â ni unwaith eto.

O dipyn i beth, fe adawon ni'r trefi o'n holau, a gyrru ymlaen drwy'r wlad. Rydw i wedi clywed digon am harddwch diguro cefn gwlad Lloegr! O'r diwedd, ro'n i'n cael cyfle i'w weld drosof fy hun. Caeau gwyrdd, tonnog, blodau'r gwanwyn, ac yma ac acw, bwthyn henffasiwn neu blasty helaeth. Toeau gwellt oedd i'r rhan fwyaf o'r bythynnod, ac ro'n i'n meddwl tybed oedden nhw'n gollwng dŵr pan fyddai'n glawio. Roedd fy ninas lwydaidd, orlawn, fyglyd i yn ymddangos fil o filltiroedd i ffwrdd. Petai'r amser ganddon ni, mi fyddwn i wedi mwynhau treulio'r diwrnod yn un o'r caeau hynny. Cael gorwedd yn y gwair, heb ddim ond llyfr, ac efallai ychydig o fara a chaws, yn gwmni i mi. Rydw i'n credu y byddwn i'n aros yno drwy'r nos, yn gwylio'r sêr ac yn disgwyl i'r lleuad godi.

Doedd y siwrnai ond tua 80 milltir, a daeth i ben yn llawer rhy fuan. Pan waeddodd yr archwiliwr tocynnau, 'Southampton!', agorodd Mrs Carstairs ei llygaid yn araf a dylyfu gên led y pen.

'Dyna beth oedd lladdfa o daith,' meddai.

Wel, ia, mae cysgu yn gallu bod yn hen waith digon blinedig!

Daeth yr archwiliwr tocynnau i'n helpu ni allan o'r trên, a brysiodd dau borter mewn gwisgoedd cochion draw i'n cyfarch. Unwaith yr oedd y paciau i gyd wedi eu casglu, i ffwrdd â ni i'w dilyn i gyfeiriad gwesty'r South

Western, lle'r oedden ni'n aros. Mi allwn i arogli'r dŵr, ond prin y gallwn i weld y cei, heb sôn am y llongau yn yr harbwr y tu draw.

Cawsom ein cludo i fyny i'r trydydd llawr mewn lifft oedd yn sgleinio fel swllt newydd. Ro'n i'n dal fy ngwynt wrth feddwl ein bod ni'n cael ein codi oddi ar y ddaear fel yna, heb ddim ond rhaffau tenau i'n cynnal ni. Roedd y daith yn un ddigon saff, er hynny, ac roedden ni yma mewn chwinciad. Dyna pryd y ces i wybod mai fi oedd piau un o'r cistiau, wedi'i llenwi â'r dillad newydd 'addas'.

Pan agorais i'r gist a sbecian i mewn, mi ddois o hyd i beisiau, hosanau, pâr o esgidiau du sgleiniog, tair ffrog, sgert, dwy flows gwddw uchel, dwy het, a chôt wlân binc! Pinc! Mi fyddwn i'n sicr wedi dewis lliw arall, ond roedd hi'n dlws iawn. Roedd un o'r hetiau wedi'i haddurno â rubanau a blodau, ac yn ormod o sioe o lawer. Eglurodd Mrs Carstairs fod honno i gael ei gwisgo gyda'r ffrog sidan werdd ar achlysuron arbennig yn ystod y fordaith. Diolchais iddi, a'i llongyfarch ar ei chwaeth dda. Ond tybed nad chwaeth Mabel a Hortense oedd o? Ta waeth am hynny, fedrwn i ddim peidio teimlo'n drist wrth edrych ar y dillad, a sylweddoli pa mor bell erbyn hyn oedd St Abernathy a'n dillad clytiog, di-liw.

Wedi swper cynnar, arbennig o flasus, yn ystafell fwyta'r gwesty, mi es i â Florence am dro. Anelu'n syth am y dociau wnes i, gan ei bod hi'n dal yn ddigon golau i mi allu cael golwg o gwmpas. Oherwydd bod y rheilffordd yn torri ar draws y ffordd mewn mannau annisgwyl, roedd yn rhaid i mi gymryd gofal. Cafodd Florence ei tharfu gan ddwndwr lorri oedd yn mynd heibio, a bu'n cyfarth yn ffyrnig arni am beth amser.

Yn union o 'mlaen i, roedd mastiau a chyrn a chraeniau metel i'w gweld i bob cyfeiriad. Roedd hi'n amhosibl cael golwg iawn ar yr un o'r llongau gan fod cymaint ohonynt wedi angori yn yr harbwr. Yn ogystal â hynny, roedd yr orsaf a'r adeiladau o gwmpas yn eu cuddio oddi wrtha i.

Gofynnais i weithiwr oedd yn mynd heibio pa un oedd y *Titanic*, ac arhosodd i'w dangos i mi, gan chwyddo o falchder.

'Dacw hi, miss,' meddai, â gwên lydan. 'Efo'r pedwar corn. Welwch chi byth long grandiach na hon!'

Dechreuais gyfri'r cyrn, er mwyn ceisio dod o hyd iddi, ond yn dal heb fod yn siŵr a o'n i'n edrych i'r cyfeiriad iawn ai peidio. Roedd llawer iawn o fynd a dod ar y cei a nifer helaeth o bobl yno'n rhythu hefyd. Mae'n amlwg fod pawb eisiau cael cipolwg ar y llong newydd cyn iddi gychwyn ar ei mordaith gyntaf.

Yna, yn sydyn reit, roedd corff mawr, du yn ymestyn draw ymhell oddi wrtha i. Gwyrais fy mhen yn ôl, a dyna lle'r oedd y llong yn tyrru uwch fy mhen, yn uwch na'r rhan fwyaf o adeiladau a welais erioed. Allwn i ddim credu fy llygaid! Sylwais fod yr orsaf wedi'i chysylltu â'r llong, a bod dynion a chraeniau wrthi'n ei llwytho â phob math o nwyddau. Roedd y lle'n gyffro i gyd, y gweithwyr yn gwthio heibio i'w gilydd dan weiddi gorchmynion, a'r rhai oedd yn gwylio yn dotio at yr hyn yr oedden nhw'n ei weld ohoni.

Fyddwn i ddim wedi credu fod adeiladu llong mor anferth o fewn gallu dynol. Roedd hi'n sglein i gyd ac yn arogli o baent ffres. Wn i ddim beth o'n i wedi'i ddisgwyl, ond roedd yr hyn welais i yn mynd â 'ngwynt i. Bu'r cyfan yn ormod i Florence ac fe orweddodd i lawr, a'i phen ar ei phawennau blaen. Mi rois i anwes iddi, gan ddal i ymestyn ymlaen mewn ymdrech i weld gymaint ag y medrwn i o'r llong.

Mae'n anodd credu fod rhywbeth mor anferthol yn gallu arnofio – ac eto dyna lle mae hi, yn clwydo'n dawel ar wyneb y dŵr. Mae hi mor gadarn, ac mor falch. Petai rhyw law fawr yn ei chodi i fyny a'i gollwng yng nghanol Whitechapel, mae'n siŵr gen i y byddai'n gorchuddio'r gymdogaeth gyfan. Cafodd ei hadeiladu yn Iwerddon – gan ddynion cryf, nobl fel fy nhad a William – ac rydw i'n llawn edmygedd wrth feddwl fod pobl gyffredin wedi gallu creu rhywbeth mor syfrdanol.

Roedd Florence yn dechrau anesmwytho, a bu'n rhaid i mi fynd â hi'n ôl i'r gwesty, er fy mod i'n gyndyn o adael. Byddai'n tywyllu'n fuan, p'un bynnag.

'Ro'n i'n ofni eich bod chi wedi syrthio i'r dŵr,' meddai Mrs Carstairs yn bryderus.

Byddai hynny'n beth anffodus, gan nad ydw i'n gallu nofio. 'Florence oedd yn mynnu loetran,' meddwn i.

Penderfynodd Mrs Carstairs y byddai'n hwyl cael gêm o gardiau cyn mynd i'r gwely. Roedd hi'n siomedig iawn pan ddeallodd na fedrwn i chwarae *bridge* (mwy na'r un gêm gardiau arall, o ran hynny), ond fu hi fawr o dro yn fy nysgu i chwarae calonnau. Fe fuon ni wrthi am tua awr. Erbyn hynny, doedd y ffaith fy mod i'n ennill mor aml ddim wrth ei bodd hi, ac fe ddwedodd ei bod yn bryd i ni noswylio. Wnes i ddim anghytuno, gan fy mod i'n awyddus i ddod i fyny yma a chael rhoi fy meddyliau ar bapur.

Ond mae'n hwyr iawn erbyn hyn, felly rydw i'n credu y rho i'r gorau iddi am heno.

Dydd Mercher, Ebrill 10, 1912
RMS Titanic

Mae cymaint wedi digwydd heddiw fel na wn i ble i ddechrau. Mae'r *Titanic*, a dweud y gwir yn blaen, y lle mwyaf hudol a rhyfeddol yn y byd. Byddai wedi bod yn amhosibl i mi allu rhag-weld pa mor fawr a chrand ac ecsotig ydi hi. Mae hi mor urddasol, ac eto'n gyfforddus. Ar hyn o bryd, rydw i'n eistedd mewn cadair gynfas ar yr hyn maen nhw'n ei alw y Promenâd. Mi fûm i fyny ar y Bwrdd Badau am sbel, ond roedd hi'n rhy oer i mi yno pan gododd y gwynt, ac mi symudais i'r Promenâd, sy'n fwy cysgodol. Mae Mrs Carstairs yn ei chaban, yn cael gorffwys cyn swper, a Florence wedi cyrlio'n belen fach flewog ar fy nglin i, yn chwyrnu cysgu.

Mae'n debyg y dylwn i ddechrau yn y dechrau, a'n horiau olaf ni yng ngwesty'r South Western. Ro'n i wedi meddwl na fedrwn i byth syrthio i gysgu, ond dyna wnes i, a deffro i weld yr haul yn llenwi'r ystafell. Daeth stiward â the a thost reit at erchwyn fy ngwely, heb i mi hyd yn oed ofyn amdanyn nhw, ac roedd hynny'n fy mhlesio i'n fawr. Mae arna i ofn y gallwn i ddod i arfer â chael y fath dendans! Mi gymerais i fàth arall – dim ond am fod y twbyn gwyn, gloyw yno. Yna, mi wisgais un o'r ffrogiau newydd. Mae Mrs Carstairs wedi ei gwneud hi'n berffaith glir nad ydi hi am fy ngweld i yn yr un o'r 'hen ddillad hyll, ail-law yna', ac mae'n debyg na fyddwn i ond yn gwastraffu f'anadl wrth ddadlau. P'un bynnag, mae'r ffrog hon o liw melyn aur, ac wedi'i gwneud o ddefnydd meddal iawn, nad ydw i'n gyfarwydd â fo. Mae'r bais ffansi yn gwneud i'r sgert fochio allan yn y modd mwya digri. Roedd fy esgidiau newydd i yn dueddol o lithro ar y llawr, felly mi newidiais i nhw am fy hen esgidiau ffyddlon. Fydd neb ddim callach p'un bynnag, gan fod y ffrog yn ddigon llaes.

Wedi i mi frwsio fy ngwallt, mi rois i binnau ynddo i'w ddal yn ôl, rhag iddo fynd ar chwâl. Ro'n i wedi dod o hyd i bâr o fenig gwynion yn y gist, ac mi wisgais y rheiny hefyd, o ran hwyl.

Pan alwais i am Mrs Carstairs, craffodd arna i drwy ei sbectol, ac yna nodiodd, yn fodlon.

'Llawer gwell,' meddai, 'ond peidiwch anghofio'ch het.'

Wedi i mi ei sicrhau na fyddwn i'n breuddwydio gwneud y fath beth, i ffwrdd â fi i nôl yr un fwya plaen o'r ddwy het. Rydw i'n arswydo rhag gorfod gwisgo'r un flodeuog. Mi fydd yn gwneud i mi edrych yn rêl ffŵl.

Fe fuon ni'n hamddena'n hir uwchben brecwast. Ro'n i wedi archebu wyau wedi eu potsio, selsig, ciper a thatws trwy'u crwyn. Yn St Abernathy's, dim ond ar y Nadolig, y Pasg, ac ar ddiwrnod pen blwydd y bydden ni'n cael wy wedi'i ferwi. Ro'n i'n synnu fod Mrs Carstairs, fel ei gŵr, yn dewis yfed coffi yn hytrach na the, ond efallai mai dyna ffordd yr Americanwyr o wneud pethau. Doedd hi ddim i weld yn ffansïo'r ciper, chwaith. Ro'n i'n meddwl fod y naill beth a'r llall yn gamgymeriad mawr. Mwynhaodd Florence blataid bach o ham wedi'i dorri'n fân a'r crystiau oddi ar dost Mrs Carstairs. Yn ystod brecwast, mi gollais i ychydig o farmalêd ar fy llawes ac mi es ati rhag blaen i'w rwbio â napcyn gwlyb, gan obeithio nad oedd neb wedi sylwi.

Roedd hi'n amlwg fod yna nifer helaeth o deithwyr y *Titanic* yn yr ystafell fwyta, gan eu bod yn syllu'n eiddgar i gyfeiriad y dociau bob tro y byddai'r chwislau stêm i'w clywed. Roedd yno ychydig o blant hyd yn oed, yn gwisgo'u dillad crand yn llawer mwy hyderus na fi. Bu'r chwislau stêm wrthi drwy'r bore, yn cyhoeddi i'r byd a'r betws ei bod yn Ddiwrnod Hwylio. Gan fod Southampton yn borthladd prysur, mae'n siŵr gen i eu bod yn clywed y chwislau hyn yn rheolaidd, ac wedi hen ddiflasu ar hynny.

Ar ôl brecwast, roedd hi'n bryd i ni fynd i fyny'r grisiau a pharatoi i adael. Yn ôl pob golwg, roedd y teithwyr oddi ar y trên llong eisoes ar eu ffordd. Cyrhaeddodd porteriaid gyda cherti ar olwynion i gludo ein paciau i ffwrdd, a rhannodd Mrs Carstairs fwndel o bapurau punt rhyngddynt, yn hollol ddidaro. Roedden nhw i weld wrth eu boddau.

Wrth i ni groesi Ffordd Canute a nesáu at y cei, roedd ceisio llywio llwybr drwy'r dyrfa yn mynd yn fwy anodd o hyd. Roedd cistiau a bagiau a bocsys gorlawn wedi eu pentyrru ym mhobman, ac ro'n i'n meddwl tybed sut oedd modd i'r porteriaid gadw cyfrif ohonyn nhw i gyd. Gan fod pobl yn llenwi pob twll a chornel, roedd hi'n anodd gwahaniaethu rhwng y teithwyr a'r gwylwyr. Dim ond y gwahanol weithwyr, gyda'u symudiadau hyderus a'r straen o ganolbwyntio yn amlwg ar eu hwynebau, oedd yn sefyll allan i mi.

Roedd 'dwn i ddim faint o agoriadau ar ochr y llong, ac eiliau yn arwain iddyn nhw o'r orsaf a'r cei. Rhywbeth tebyg i bontydd pren oedd yr eiliau, neu'r *gangways*, a rheiliau hyd at eich canol o boptu iddynt. Roedd dynion a merched mewn dillad plaen, buddiol ar eu ffordd i'r deciau isaf, a'r eiliau uwchben yn llawn o bobl wedi'u gwisgo yn y dillad mwyaf ffasiynol bosibl. Fe allech chi ddweud pa rai oedd teithwyr y trydydd dosbarth a pha rai oedd yn perthyn i'r dosbarth cyntaf dim ond wrth edrych ar eu dillad. Yn ôl pob tebyg, teithwyr yr ail ddosbarth oedd y rhai oedd yn byrddio'r llong rhywle tua'r canol.

Sylwais fod geneth denau, oedd yn gwisgo sgarff pen a ffrog wlân, lwyd, yn fy llygadu i, braidd yn genfigennus. Sylweddolais yn sydyn fod fy ngwisg i'n peri iddi feddwl fy mod i yn un o'r merched ifanc breintiedig. Ro'n i'n gweld hynny'n ddigri, ac mi ges fy nhemtio i godi cwr fy sgert er mwyn dangos fy hen fflachod o esgidiau iddi. Ond roedd hi eisoes wedi diflannu, a minnau'n dilyn Mrs Carstairs i fyny hyd o risiau tuag at un o eiliau'r dosbarth cyntaf.

Do'n i erioed wedi gweld y fath dyrfa o bobl yn fy mywyd, ac allwn i ddim dychymygu sut y gallai cymaint ohonom ffitio y tu mewn i'r llong. Cymaint, dybiwn i, fel na fyddech chi'n debygol o weld yr un un eilwaith. Ond mae'n debyg nad oedd rhai ond wedi dod yno i ddanfon rhywun arall, neu i rannu cyffro'r diwrnod.

Wrth i mi groesi'r gangwe, mi ges i rai eiliadau digon annifyr o feddwl tybed o'n i o ddifri eisiau mynd ar long mor anferth, a hwylio i ffwrdd i ganol y cefnfor. Roedd tir sych yn ymddangos yn llawer mwy cyfarwydd a diogel.

'Peidiwch â loetran, da chi, Margie-Jane,' meddai Mrs Carstairs yn llym. Roedd swyddog eithaf golygus yn aros i'n croesawu ni y pen arall i'r gangwe.

Nodiais, a chyflymu fy nghamau. Er syndod i mi, sylwais fod ochr y llong wedi'i gwneud o fetel, a'r darnau wedi eu weldio i'w gilydd. Wn i ddim be o'n i wedi'i ddisgwyl – nid coed, wrth reswm – ond roedd yr olwg bonciog oedd arno yn fy nharfu i braidd. Mae'r ffaith fy mod i wedi meddwl y byddai'n llyfn ac yn esmwyth yn profi cyn lleied yr ydw i'n ei wybod am longau. Rhoddais fy llaw allan i gyffwrdd â'r metel, a'i gael, fel y gellid disgwyl, yn oer a soled. Edrychodd rhai o'r teithwyr yn ddig arna i, ac mi gipiais fy llaw'n ôl.

Roedd cyntedd y llong wedi'i orchuddio â charped trwchus. Do'n i ddim wedi disgwyl carped, chwaith. Pan gerddon ni i mewn, estynnodd dyn mewn iwnifform dusw bach o flodau yr un i Mrs Carstairs a minnau o fasged wellt fawr. Doedd 'na neb erioed wedi rhoi blodau i mi o'r blaen, ac er ei fod yn arferiad ar adegau fel hyn mae'n siŵr, ro'n i wedi fy swyno'n arw.

Oddi yno, aethom i swyddfa'r Pyrser. Rhoddodd Mrs Carstairs ein tocynnau a'r gwaith papur angenrheidiol i'r Prif Stiward McElroy, a gwnaeth drefniadau i ddychwelyd yn nes ymlaen i roi ei phethau gwerthfawr i'w cadw yn y sêff. Unwaith yr oedden ni'n ôl yn y coridor, daeth gŵr ifanc pryd tywyll arall atom, dan wenu. Roedd yn gwisgo iwnifform wen, a chyflwynodd ei hun i ni fel ein stiward caban, Robert Merton. Wedi iddo ein danfon i lawr i'n cabanau preifat ar Ddec C byddai ar gael i roi ei wasanaeth i ni gydol y fordaith.

Dywedodd Mrs Carstairs wrtho ei bod wedi hwylio gyda chwmni'r White Star sawl tro o'r blaen, a dechreuodd roi rhestr hir o orchmynion iddo, ynglŷn â phryd a sut yr oedd hi am i bethau gael eu gwneud. Nodiodd yntau'n ddifrifol mewn ymateb i bob cais, ac yna gwenodd arna i.

'Chi ydi merch Mrs Carstairs, ia?' gofynnodd, wrth

iddo ein harwain ar hyd dryswch o goridorau, wedi'u carpedu o wal i wal.

Tynnodd Mrs Carstairs ei gwynt ati; gwenais innau o glust i glust. Efallai mai hwn oedd y cyntaf, ond go brin mai fo fyddai'r unig un ar y llong i neidio i'r casgliad anffodus hwnnw.

'Na, ei chymdeithes ffyddlon hi ydw i,' atebais.

'Ia, dyma Margaret Jane Brady,' meddai Mrs Carstairs, wedi iddi ddod ati'i hun. 'Fe allwch chi deimlo'n rhydd i'w thrafod hi fel yr ydach chi'n fy nhrafod i.'

Nodiodd Robert, yn ddifrifol iawn, er bod ei lygaid yn pefrio.

'Ond fe fydd gofyn i chi drafod Florence gymaint â hynny'n well,' meddwn i, gan bwyntio at yr ast ym mreichiau Mrs Carstairs.

Nodiodd Robert eto, dan grychu'i lygaid. 'Mae hynny'n amlwg, Miss Brady.'

Ro'n i wedi dechrau cymryd at Robert. Mi fyddwn i'n dweud ei fod tua deunaw oed, a'r math o fachgen a allai fod yn un o ffrindiau William. Anwybyddodd Mrs Carstairs hyn i gyd. Roedd hi am wybod a oedd ei heiddo wedi cyrraedd yn ddiogel, ac a fyddai rhywun ar gael i'w ddadbacio iddi. Mae'n amlwg nad oedd hi'n gallu dygymod â meddwl am orfod gwneud hynny ei hun. Ro'n i mor brysur yn edrych o 'nghwmpas fel na chlywais i ateb Robert.

Roedd pobl yn heidio o'n cwmpas, un ai'n ceisio dod o hyd i'w cabanau, neu'n archwilio'r llong gan wneud sylwadau edmygus. Sylwais nad fi oedd yr unig un na allai wrthsefyll y demtasiwn o gyffwrdd â phethau. Arweiniodd Robert ni'n fedrus at dair lifft, a'r eiliad yr agorodd un ohonynt dyna wasgu i mewn iddi. Mi allwn i daeru fod pob un o'r merched yn defnyddio persawr gwahanol, ac ro'n i'n ei chael hi'n anodd anadlu oherwydd y gymysgfa o arogleuon mewn lle mor gyfyng. Wedi i ni gyrraedd Dec C, fe gerddon ni ar hyd coridor arall, ei waliau cyn wynned â'r eira, a llwybr o garped rhyngddynt. Ro'n i'n teimlo fel pe bawn i mewn gwesty fel Claridge's, yn hytrach nag ar long. Rywfodd, ro'n i wedi dychmygu y byddai llong deithwyr yn llawer llai moethus.

'Dyma'ch caban chi, Mrs Carstairs,' meddai Robert, 'ac mae un Miss Brady yn union gyferbyn.' Agorodd ddrws ei chaban preifat hi yn gyntaf, ac mi allwn weld fod ein paciau ni wedi cyrraedd o'n blaenau.

Roedd sawl bocsaid o flodau ffres wedi eu pentyrru ar fwrdd mahogani isel, a dywedodd Mrs Carstairs ei bod am iddynt gael eu rhoi mewn fasau cyn gynted ag oedd modd. Ychwanegodd, yn falch, fod y rhan fwyaf ohonynt oddi wrth ei hannwyl Frederick. On'd oedd o'n ŵr ystyriol? Roedd hi hefyd am i Florence gael dysglaid o ddŵr glân ar unwaith. Rhoddodd Robert nòd fach, gwenu, a nodio rhagor.

Arhosais allan yn y coridor, yn gwylio stiwardiaid amyneddgar eraill yn tywys teithwyr awdurdodol eraill i'w cabanau, pob un yn derbyn cymysgfa ddryslyd o orchmynion a chwynion.

'Dowch i alw arna i cyn gynted ag y byddwch chi wedi setlo, Margie-Jane,' meddai Mrs Carstairs. 'Mi fydd gofyn i ni fod i fyny ar y Bwrdd Badau pan fydd y llong yn gadael.'

Nodiais, cyn dilyn Robert i 'nghaban preifat i. Roedd ganddo acen ddiddorol. De Llundain, efallai? Neu Fanceinion? Pan ofynnais iddo, dywedodd mai Sgowser ydi o – mewn geiriau eraill, un o Lerpwl. Mi ddwedais innau, o ran hwyl, mai 'deryn diarth' ydi o i un o Lundain fel fi, er ei fod yn ymddangos yn 'foi digon call ac yn actio'n bropor'. Chwerthin wnaeth o, a thaflu cipolwg pryderus i gyfeiriad caban Mrs Carstairs, gan obeithio nad oedd hi wedi digwydd ei glywed.

'Dydi hi ddim wedi gweld yr ochr yma i mi eto,' meddwn i.

'Na, go brin ei bod hi, Miss Brady,' meddai yntau, gan wenu'n llydan.

Roedd fy nghaban preifat i yn llai nag un Mrs Carstairs, ond yn rhyfeddol er hynny. Cyn gadael i fynd ymlaen â'i waith, dangosodd Robert i mi lle'r oedd popeth – o'r basn ymolchi i'r twymwr wrth ochr y gwely, a'r botwm y dylid ei bwyso i alw am wasanaeth, a hyd yn

69

oed y gwregys achub a orffwysai'n daclus ar ben y cwpwrdd dillad. Mi fydda i'n rhannu'r toiled â chymdeithes, neu forwyn, sydd yn y caban drws nesaf, ond dydi hynny'n poeni dim arna i. Dywedodd wrtha i am alw arno pe bawn i angen unrhyw help, neu â rhyw gwestiwn hyd yn oed. Yna, gan wincio a bowio, i ffwrdd â fo.

Sefais innau ar ganol llawr y caban, yn meddwl pa mor lwcus o'n i o gael bod yn f'ystafell fendigedig i fy hun ar fwrdd yr *RMS Titanic*, y llong deithio fwyaf ysblennydd yn y byd, ar fy ffordd i America!

Yn ddiweddarach

Bu'n rhaid i mi roi'r gorau i ysgrifennu am ychydig pan ddaeth un o'r stiwardiaid â llond mŵg o gawl poeth i mi. Ond roedd hynny'n bleser. Fedra i ddim credu peth mor braf ydi cael pobl yn dod â phethau i chi heb i chi hyd yn oed ofyn amdanyn nhw. Mae'r cawl yn blasu o gig eidion, ac yn llawn maeth o'r mêr. Mae'n siŵr gen i y bydda i'n llond fy nghroen erbyn diwedd y fordaith.

Ychydig cyn canol dydd, aeth Mrs Carstairs a minnau i ddilyn y llifeiriant o deithwyr oedd yn anelu am y deciau uchaf. Arhosodd Florence ar ôl, yn cysgu ar wely canopi Mrs Carstairs. Yn hytrach na chymryd y lifft, fe aethon ni i fyny'r hyn y maen nhw'n ei alw 'Y Prif Risiau'. Roedd hwnnw, heb amheuaeth, yn enghraifft drawiadol o gelfyddyd bensaernïol – grisiau mahogani llydain yn troelli ar i fyny, a ffenestr do fwaog uwchben. Roedd cerflun o geriwb yn dal golau ar gledr ei law yn addurno'r rheilen ganol, a chloc pren hardd gyda dau ffigwr cywrain wedi'u cerfio o boptu iddo yn ganolbwynt y wal ar ben y grisiau. Dangosai'r cloc ei bod yn 11.50.

Fe fethon ni â chael lle ar y Bwrdd Badau gan fod y lle dan ei sang. Felly, fe symudon ni i lawr i Ddec B, a dod o hyd i le bach agored ar y Promenâd. Ro'n i'n teimlo ias o gyffro bob tro y byddai'r chwislau stêm yn seinio i gyhoeddi ein hymadawiad ni. Roedd fel petai'r awyr yn llawn o gyffro'r edrych ymlaen eiddgar.

Oddi tanom, roedd y cei yn orlawn, a thyrfa frwd o bobl yn chwifio hancesi poced neu hetiau, ac yn gweiddi ffarwél. Roedd ein teithwyr ninnau hefyd yn chwifio'u breichiau, ac yn taflu ambell flodyn neu hyd yn oed bwysïau cyfan ohonyn nhw dros ochr y llong. Syrthiodd rhai i'r dŵr, ond cafodd eraill eu dal gan wylwyr lwcus. Rydw i'n siŵr na fydda i byth yn anghofio'r teimlad hwnnw o fod yn rhan o firi a llawenydd y dathlu.

Mae'r *Titanic* yn llong mor fawr fel bod yn rhaid cael nifer o fadau tynnu i'n halio ni allan o fae Southampton. Wrth i ni ddechrau symud y mymryn lleiaf, cododd banllef o 'Hwrê' byddarol. Roedd llongau eraill wedi

71

angori gerllaw, a'u teithwyr a'u criw hwythau'n codi dwylo arnom, hefyd.

Yn sydyn reit, clywyd sŵn clec ar ôl clec uchel. Ro'n i'n ofni fod rhan o'r llong wedi hollti, ond yna mi welais long llai yn torri'n rhydd o'i rhaffau ac yn anelu tuag atom. Roedd hi'n edrych fel petai am ddod yn glatsh yn ein herbyn ni! Er nad oedd rhai o'r teithwyr wedi sylwi, roedd eraill yn dal eu hanadl. Ni allai'r *Titanic* symud o'r ffordd yn ddigon buan, ond daeth ton i arafu'r llong arall, a llywiodd un o'r badau-tynnu hi i le diogel. Meddai Sais oedd yn sefyll wrth ymyl, 'Wel, be sydd i'w ddisgwyl gan long o'r enw *New York*?' Nid Mrs Carstairs oedd yr unig un o'r Americanwyr i beidio chwerthin wrth glywed hyn, ond roedd fy nghyd-Brydeinwyr bron i gyd wedi cael modd i fyw.

Bu peth oedi wrth i'r *New York* gael ei rhwymo yn ei lle, ac roedd rhai pobl yn cwyno y byddai hynny'n drysu'r amserlen. I mi, anffawd bach oedd o a phrin ei fod yn werth cwyno'n ei gylch. Do'n i ddim ond yn teimlo rhyddhad ein bod wedi gallu osgoi damwain. Mi glywais i ddau ddyn oedd yn sefyll y tu ôl i ni yn sôn yn ddifrifol iawn am y sugnad nerthol a achosai llong fel y *Titanic*, dim ond wrth symud ei chorff anferth drwy'r dŵr, a pha mor ddiymadferth fyddai unrhyw long neu gwch yn ei llwybr.

Gan ei bod hi'n tueddu i fod mor nerfus, roeddwn i

wedi disgwyl i Mrs Carstairs gymryd ati'n arw, ond roedd hi'n sgwrsio'n hamddenol â'r wraig ar y chwith iddi ac yn trafod y llu cydnabod yr oedd y ddwy'n gyfarwydd â nhw. Roedden ni wedi cychwyn ar y daith erbyn hynny, ond ar wahân i guriad peiriannau yn rhywle ymhell oddi tana i, prin y gallwn i deimlo unrhyw symudiad. Gan fy mod i wedi ofni y byddai'n rhaid i mi oddef dowcio a siglo cyson, roedd y symudiad esmwyth, llyfn hwn yn rhyddhad mawr i mi.

Canodd biwgl mor agos aton ni nes peri i mi neidio. Roedd yn cael ei chwarae gan ddyn mewn iwnifform las a botymau pres arni. Dechreuodd y rhan fwyaf o'r teithwyr gamu'n ôl oddi wrth y rheiliau ac anelu'n ôl i mewn.

'Dowch, Margie-J,' meddai Mrs Carstairs yn swta. 'Mae'r pryd canol dydd yn barod.'

Ro'n i'n casglu, oddi wrth hyn, fod cael y biwgl i gyhoeddi prydau bwyd yn rhan o'r drefn. Roedd hynny'n amgenach peth na'r curo egnïol ar sosbenni a phadelli y bu i mi ei glywed mor aml yn ystod fy mhlentyndod. Mae hefyd yn arferiad galw cinio yn bryd canol dydd a swper yn ginio.

Margie-J! Ydi'r Americanwyr i gyd yn tueddu i ddefnyddio llysenwau twp, ynteu dim ond Mrs Carstairs yn unig? Arferiad di-chwaeth iawn, greda i. Yna mi glywais i Americanes oedd yn cerdded o'n blaenau ni yn cyfarch un arall ac yn gweiddi ar ucha'i llais, 'Bootsie!

Sut ydach chi?' Bootsie? Duw a'n gwaredo ni rhag y Trefedigaethau.

Roedd yr ystafell fwyta ar gyfer y teithwyr dosbarth cyntaf ar Ddec D. Fe arhoson ni, yng nghanol tyrfa o bobl, am y lifft, ac yna i lawr â ni. O'n blaenau, roedd ystafell dderbyn braf, a band yn chwarae yn un cwr iddi. Do'n i ddim yn gyfarwydd â'r alaw, ond roedd hi'n un hwyliog iawn. Roedd yn yr ystafell gadeiriau gwellt a byrddau bach crynion, a phlanhigion mawr deiliog wedi'u gosod mewn mannau pwrpasol yma ac acw. Lle dymunol i loetran ynddo, dybiwn i.

Estynnai'r ystafell fwyta o un ochr i'r llall o'r llong, ac er ei bod hi'n ddigon mawr i gynnwys cannoedd o bobl roedd y byrddau bach cain yn rhoi rhyw deimlad cartrefol i'r lle. Roedd y nenfwd wedi'i foldio'n gywrain, ac yn cael ei gynnal yma ac acw gan bileri main, gwynion. Gorchuddid y llawr â charped moethus, patrymog, a rhoddai'r ffenestri uchel a'u gwydrau barugog yr argraff y gallech chi fod yn unrhyw le ond ar fwrdd llong.

Nid fy lle i oedd cymryd y cam cyntaf, felly mi ddilynais i Mrs Carstairs at un o'r byrddau. Roedd y gadair yn un soled, ei breichiau a'i choesau o dderw cadarn, a'r glustog o liw gwyrdd ysgafn. Gallai o leiaf ddau berson o fy maint i ffitio i'r sêt, ac ro'n i'n teimlo'n fychan a disylw wrth i mi glwydo ar ei hymyl. Roedd hi'n amlwg wedi ei chynllunio ar gyfer un llond ei groen, ac ro'n i'n ofni y gallwn i lithro oddi arni os na fyddwn i'n ofalus.

Roedd y lliain bwrdd cyn wynned â'r eira, a lamp fach ac iddi orchudd coch tywyll wedi'i gosod ar ei ganol. Gorweddai napcyn wedi'i blygu fel pâr o adenydd ar bob plât, ac roedd yr holl wydrau a chyllyll a ffyrc yn ddigon i godi ofn ar rywun. Cyngor y Chwaer Catherine i mi oedd y dylwn i bob amser ddilyn esiampl yr un mwyaf profiadol wrth y bwrdd, a does gen i ond gobeithio y bydd hynny'n ddigon i f'arbed i rhag gwneud ffŵl ohona i fy hun.

Gan fod lle i chwech wrth ein bwrdd ni, daeth rhyw Mr a Mrs Prescott, dau yr oedd Mrs Carstairs wrth ei bodd o'u gweld, i ymuno â ni. Cyflwynodd fi yn y modd byrraf bosibl, ac yna ymlaen â nhw i drafod ffasiynau'r gwanwyn, hyfrydwch bale Rwsia, a llifeiriant diddiwedd o bobl nad o'n i'n eu hadnabod, a mannau nad o'n i erioed wedi bod ynddynt. Hyd yn oed pe bawn i wedi teimlo'n ddigon hyf i gymryd rhan yn y sgwrs, fyddai gen i ddim byd i'w gyfrannu. Er bod y Prescotts yn ddigon clên efo fi, roedden nhw'n siomedig iawn nad oedd Mr Carstairs wedi gallu dod ar y fordaith. Cytunodd Mrs Carstairs â hynny, ac yna fe ddechreuon nhw sôn am Broadway a'r West End a phynciau eraill oedd a wnelon nhw â'r theatr.

Byddai selsig a thatws stwnsh wedi gwneud fy nhro i'n iawn, ond roedd y pryd canol dydd a'i restr hir o gyrsiau yn llawer mwy trawiadol na hynny. Mi ddewisais i yfed dŵr yn hytrach na gwin. Cawl tatws, samwn, pys gwanwyn pitw bach, asbaragws ffres mewn saws siarp, cig rhost – a 'dwn i ddim faint o weinyddion mewn siacedi duon yn ymddangos wrth y bwrdd dro ar ôl tro efo'u dysglau arian. Mae'n well gen i gig dafad fel rheol, ond roedd y cig oen yn flasus iawn. O ran hynny, roedd pob dim – hyd at y darten afalau a'r dewis o gawsiau a ffrwythau – y tu hwnt o flasus.

Ro'n i'n falch pan awgrymodd Mrs Carstairs ein bod ni'n mynd yn ôl i'n cabanau ar ôl y pryd bwyd, gan fy mod innau'n barod am orffwys bach. Tra oedden ni'n yr ystafell fwyta, cawsai'r blodau eu rhoi mewn fasau, ac roedd tusw o gennin pedr melyn yn f'ystafell i hyd yn oed! Roedd ein dillad ni wedi cael eu dadbacio hefyd, a'r bagiau wedi eu cadw.

'Y tylwyth teg wedi galw heibio, ia?' meddwn i.

Chwerthin am fy mhen i wnaeth Mrs Carstairs, a dweud fod hynny'n beth arferol.

Arferiad hyfryd iawn, yn fy marn i.

Mae rhywun wedi gwneud yn siŵr fod 'na ddigon o dywelion trwchus a sebonau bach ac oglau da arnyn nhw ar fy mwrdd gwisgo i. Wedi i mi ymolchi, mi orweddais ar y gwely am ychydig, gan ryfeddu unwaith eto at y ffaith mai prin y gallwn i ddweud fod y llong yn symud.

Roedd hyd yn oed hymian y peiriannau'n dechrau swnio'n gyfarwydd, a doedden nhw'n tarfu dim arna i.

Newydd droi tri o'r gloch oedd hi, yn ôl y cloc bach yn f'ystafell i, pan es i â Florence am dro, a dyna orffen y daith yma ar y Promenâd, yn diogi ar gadair gynfas. Daeth un arall eto o'r stiwardiaid â rỳg i mi ei roi dros fy nghoesau rhag ofn i mi oeri.

Mi fûm i'n eistedd yma yn ysgrifennu am sbel, yna mi rois i'r gorau iddi er mwyn gwylio pobl yn mynd heibio. Mae nifer o blant wedi bod yn chwarae ar y dec, o dan ofal athrawesau cartref gan amlaf, yn ogystal ag ambell riant. Mae ganddyn nhw dopiau a marblis a theganau bach eraill, sy'n rhy niferus i'w henwi. Ar wahân i bwl neu ddau o grio, maen nhw i weld yn cael prynhawn hapus. Mi fyddwn i'n hoffi mynd atynt ac ymuno'n y chwarae, ond go brin fod gen i'r hawl i wneud hynny a minnau wedi fy nghyflogi fel cymdeithes. Rowliodd pêl i 'nghyfeiriad i unwaith, ac mi daflais innau hi'n ôl i'r bachgen oedd piau hi. Er nad oedd ond blwyddyn neu ddwy yn iau na fi, y cwbl ddwedodd o oedd, 'Diolch, Miss,' cyn rhuthro i ffwrdd i ddal ymlaen â'i gêm. Alla i ddim peidio teimlo fel pe bawn i wedi cael fy ngadael allan o bethau – yn rhy hen i chwarae efo'r plant, ac yn rhy ifanc a dibrofiad i allu cymysgu efo'r rhai hŷn. Rydw i'n cael fy ystyried yn un ohonyn nhw yn fy nillad ffansi –

ond, i mi, mae'r gwahaniaeth cefndir a dosbarth yn ymddangos yn rhy fawr i allu ei oresgyn.

Mae'n debyg y dylwn i fod yn ysu am gael archwilio'r llong o'r top i'r gwaelod, ond hyd yn hyn mae'n well gen i gynefino fesul tipyn â bod yma. Fe fydd digon o gyfle i chwilota yn ystod y daith.

Ond rŵan rydw i'n credu y byddai'n lles i Florence gael ymestyn ei choesau bach, felly mi ysgrifenna i ragor yn nes ymlaen.

Dydd Iau, Ebrill 11, 1912
RMS Titanic

Ro'n i wedi bwriadu dal ymlaen i ysgrifennu yn hwn neithiwr, ond mi syrthiais i gysgu yr eiliad y rhois i 'mhen ar y gobennydd. Mae gwynt môr yn gallu gwneud hynny, yn ôl Mrs Carstairs.

Fe arhoson ni yn Cherbourg, Ffrainc, neithiwr, a daeth rhagor o deithwyr ar fwrdd y llong. Gan nad oedd y dŵr yn ddigon dwfn i ni allu mynd yr holl ffordd i mewn, bu'n rhaid cael cychod llai i gario'r teithwyr i'r llong. Maen nhw'n cael eu galw'n 'gychod tendio'; dydw i ddim yn siŵr pam. Mi hoffwn i allu honni i mi fod yn Ffrainc, ond mae'n debyg nad ydi eistedd bellter i ffwrdd o'r lan yn cyfri. Mi welais i'r arfordir, o leia.

Y bore 'ma, rydan ni ar ein ffordd i Queenstown, Iwerddon. Rydw i'n gobeithio y byddwn ni'n docio'n ddigon agos i mi allu gweld y wlad lle cafodd Tada'i eni. Byddai'n well fyth pe baen ni'n cael glanio, fel fy mod i'n gallu cyffwrdd pridd fy hynafiaid, ond mae hynny'n annhebygol.

Curodd Robert ar ddrws f'ystafell yn gynnar y bore 'ma, a daeth â the, sgons, marmalêd a chlwstwr bach perffaith o rawnwin i mi. Arhosodd i siarad am ychydig funudau, ac mi ges wybod mai hon ydi ei swydd gyntaf fel stiward go iawn, yn hytrach nag is-stiward, a'i fod yn gynhyrfus iawn o gael ei ddewis i ofalu am deithwyr y dosbarth cyntaf.

'Mi ddigwyddodd 'na beth od iawn ddoe,' meddwn i wrtho, gan bwyntio at y blodau ar y bwrdd bach wrth y gwely. 'Fe ddaeth tylwyth teg heibio, a gadael anrheg i mi.'

'Mae'n rhaid eu bod nhw wedi hoffi'ch gwên chi, Miss Brady,' meddai yntau, dan wenu. Yna, canodd cloch yn un o'r cabanau preifat, a bu'n rhaid iddo adael ar frys.

Er i mi fwyta bob tamaid o'r bwyd ddaeth Robert i mi, ches i ddim anhawster i fwyta brecwast llawn yn ddiweddarach. Efallai fod gwynt môr yn gwneud rhywun yn llwglyd, hefyd? Ond dydi bod ar fy nghythlwng yn ddim byd newydd i mi, o ran hynny.

Ar ôl brecwast, meddyliodd Mrs Carstairs y byddai'n beth braf treulio awr neu ddwy yn yr ystafell ysgrifennu. Queenstown fydd ein cyfle olaf ni i bostio llythyrau cyn cyrraedd Efrog Newydd. Roedd amryw o deithwyr eraill wedi cael yr un syniad, ond fe lwyddon ni i ddod o hyd i ddesg wag a dwy gadair heb ormod o drafferth. Mae 'na ddigonedd o gardiau post a phapur ysgrifennu ar gael at ddefnydd y teithwyr. Ar dop y papur ysgrifennu mae'r faner goch a logo'r White Star sydd i'w gweld ar sawl peth arall ar y llong, fel bwydlenni a blychau matsis. I'r dde o'r logo mae'r geiriau: AR FWRDD RMS 'TITANIC'. Mi ges i fy nhemtio i roi ychydig o'r dalennau yn y dyddiadur i'w cadw fel swfenîr. Efallai y gofynna i i Robert a fyddai rhywun yn malio pe bawn i'n gwneud hynny. Rydw i'n gobeithio y gallwn ni'n dau fod yn ffrindiau, gan nad ydw i'n teimlo'n swil o gwbwl pan fydda i'n siarad efo fo.

Mi ysgrifennais i lythyrau eitha manwl at William a'r Chwaer Catherine yn disgrifio'r daith, cyn mynd ati i geisio llunio llythyr symlach, wedi'i brintio'n daclus, i Nora. Mi wn i nad ydi hi wedi dysgu darllen eto, ond gobeithio y bydd hi'n mwynhau ymarfer efo hwn. Yna, mi wastraffais sawl dalen o'r papur ysgrifennu yn ceisio tynnu llun manwl o'r llong iddi ei roi wrth ymyl ei gwely.

Roedd y ffaith fy mod i mor brin o hyd yn oed y mymryn lleiaf o ddawn artistig yn fy ngwylltio i, ac mi wasgais un o'r dalennau mor galed nes i'r sŵn beri i amryw o bobl oedd yn yr ystafell godi'u pennau. Gan fod hyn wedi tarfu Mrs Carstairs yn arw, ceisiais dynnu ei sylw drwy edrych o gwmpas fel pe bawn innau, hefyd, yn chwilio am y troseddwr slei.

Daeth dyn cydnerth a chanddo wyneb glân, caredig i fyny at y ddesg. Ro'n i wedi sylwi arno'n cerdded o gwmpas ers tua ugain munud, fel pe bai'n pwyso a mesur pawb, ac mae'n rhaid ei fod yntau wedi sylwi ar f'ymdrechion i. Roedd wedi gwyro drosodd i archwilio'r lluniau yr o'n i wedi'u bwrw o'r neilltu cyn i mi gael cyfle i roi fy llaw drostynt i'w cuddio. Mi fedrwn fy nheimlo fy hun yn gwrido o gywilydd oherwydd eu bod mor ddi-lun.

'Esgusodwch fi am aflonyddu ar bawb,' meddwn i. 'Rydw i'n ceisio gwneud llun i'w anfon i eneth fach yr ydw i'n hoff iawn ohoni.'

Gwenodd, a dweud y byddai'n barod iawn i wneud y llun i mi, pe bawn i'n dymuno hynny. Wedi i mi ddiolch iddo, eglurais y byddai'r ffaith fy mod i wedi tynnu llun y llong yn golygu mwy i Nora na safon y gwaith.

'Wela i,' meddai. 'Wel, ga' i awgrymu, felly, eich bod chi'n rhoi'r cyrn ar fwy o ongl, a defnyddio llinellau pendant yn hytrach na cheisio cynnwys gormod o fanylion?'

Mi rois i gynnig ar hynny, ac roedd f'ymgais nesaf i ychydig yn well.

'Dyna chi,' meddai. 'Rydw i'n credu y gnewch chi'n iawn rŵan.'

Diolchais iddo unwaith eto, ac wedi iddo ddweud, 'Dydd da, foneddigesau', i ffwrdd â fo.

'Bobol bach, Mr Andrews oedd hwnna!' meddai Mrs Carstairs yn syfrdan.

'Dyn clên,' meddwn i, gan roi fy holl sylw i'r llun.

'Mr Andrews ddaru gynllunio'r llong,' meddai hi wedyn.

Roedd hynny'n dipyn o sioc i mi, ac mi rois i'r gorau i'r dasg. 'Mae'n siŵr gen i y bydda fo wedi gwneud llun eitha cywir, felly,' meddwn i, o'r diwedd.

Ysgydwodd Mrs Carstairs ei phen, a chlecian ei thafod yn ddiamynedd.

'Rydach chi'r plentyn rhyfedda'n fyw, MJ.'

MJ. 'Diolch, Mrs Upstairs,' meddwn i.

'A phlentyn *anodd* iawn hefyd,' meddai, gan swnio'n fwy diamynedd fyth.

Nodiais innau'n ddigalon, ac yn ôl â ni at ein llythyrau.

Yn ddiweddarach

Rydw i yn fy nghaban ar hyn o bryd, yn paratoi i fynd i 'ngwely. Wedi i ni orffen ein llythyrau y bore 'ma, fe aethon ni i fyny i'r Bwrdd Badau i gadw llygad am Iwerddon, er nad oedd Mrs Carstairs yn credu fod hynny'n fater o frys. Roedd yr awyr yn las llachar, bron yn ddi-gwmwl, y môr yn llifo'n donnau llyfn, tywyll, a'r awel yn iach ac yn oer. Anadlais yn ddwfn, sawl gwaith.

Edrychodd Mrs Carstairs yn bryderus arna i. 'Ble mae'ch côt chi, mewn difri?' holodd.

Prysurais i'w sicrhau fy mod i'n ddigon cynnes efo'r pwlofer dros f'ysgwyddau. Gan nad ydi o'n ddilledyn ffasiynol, mi wyddwn y byddai'n well ganddi i mi beidio ei roi amdanaf.

Peth tu hwnt o blagus oedd edrych i bob cyfeiriad a gweld dim byd ond môr. Er mwyn osgoi gorfod meddwl gormod am hynny, penderfynais y byddai'n llawer gwell i mi fynd ati i ganmol y fath olygfa ryfeddol.

'*Oh ye! who have your eyeballs vexed and tired,/ Feast them upon the wideness of the Sea,*' meddwn i.

'Browning eto?' holodd Mrs Carstairs, ar ôl seibiant.

Do'n i ddim wedi bwriadu ei rhoi hi mewn lle cas, dim ond bod yn glên. 'Keats,' meddwn i, wedi seibiant bach arall.

Nodiodd yn galonnog. 'Wel, ia, wrth gwrs.'

O hyn ymlaen, rydw i'n credu y byddai'n well i mi beidio dyfynnu.

Roedd y gwynt yn codi, a mwy a mwy o bobl yn cilio o'r dec i gynhesrwydd y Promenâd neu un o'r ystafelloedd cyhoeddus. Yn fuan wedyn, penderfynodd Mrs Carstairs y byddai'n well ganddi hithau, hefyd, fynd yn ôl i mewn. Addewais ymuno â hi pan fyddai'r biwgler yn cyhoeddi'r pryd canol dydd. Roedden ni am roi cynnig ar y Café Parisien y tro yma, yn hytrach na'r ystafell fwyta.

Wedi iddi adael, sylweddolais fy mod i yn oer, a bu'n rhaid i mi ildio a gwisgo'r pwlofer, gan wylio'r gorwel yn ddyfal drwy'r amser. Pan ddeuai Iwerddon i'r golwg, do'n i ddim eisiau colli un dim. Yna mi welais siapiau llwydion fel pe baen nhw'n codi allan o'r gwagle. Bryniau? Mynyddoedd? Wrth i ni nesáu tuag atynt, daeth y tir yn fwy amlwg. Roedd yno glogwyni serth, llwm, llwyd ac anial yr olwg, a'r tu ôl iddynt gaeau gwyrdd digon o ryfeddod. Roedd y tir yn greigiog ac yn ir, ac mi syrthiais i mewn cariad efo'r lle yn syth bìn. Er nad oedd yn wâr ac yn urddasol fel cefn gwlad Lloegr, roedd iddo ryw rin wyllt a hudolus. A'r holl wyrddni! Sut y gallai tatws fod wedi meiddio gwrthod ffynnu yn y fath gaeau? Roedd hynny'n drosedd yn erbyn natur, yn ogystal ag yn erbyn dynoliaeth.

Unwaith eto, aethon ni ddim i mewn i'r harbwr. Daeth cychod tendio â theithwyr newydd allan i'n cyfarfod.

Roedd sylweddoli fy mod i'n edrych ar Corc, lle cafodd fy nhad ei eni, yn dod â dagrau i'm llygaid. Mor braf fyddai ei gael yn sefyll yno wrth fy ochr i y munud hwnnw. Ni chafodd Mam gyfle i weld Iwerddon, chwaith, ac mi wn i y byddai hi wedi bod yn syllu yr un mor eiddgar â fi.

Roedd badau eraill yn dilyn y cychod tendio, a'r bobl oedd ynddyn nhw'n galw am gael dod ar fwrdd y llong. Mi ofynnais i wraig oedd yn eistedd ar un o'r cadeiriau cynfas, yn darllen, beth oedd yn digwydd. Dywedodd hithau mai masnachwyr oedd yn y badau, a'u bod yn gobeithio cael dod ar fwrdd y llong a gwneud elw sydyn. Cafodd rhai ganiatâd i werthu eu nwyddau tra oedden ni wrth angor, ac mi glywais i'n ddiweddarach fod ganddyn nhw les digon o ryfeddod, yn ogystal â llestri a llieiniau.

Ro'n i'n gyndyn iawn o adael pan ganodd y biwgl, ac mor awyddus i ddychwelyd i'r Bwrdd Badau i edmygu Iwerddon fel mai prin y sylwais i ar y bwyd. Roedd Mr a Mrs Prescott a dwy chwaer ganol oed, uchel eu cloch, yn eistedd wrth ein bwrdd ni. Bu'r ddwy wrthi am hydoedd yn sôn am y peth erchyll oedden nhw wedi'i weld allan ar y dec. Roedd wyneb yr un ffunud ag un y diafol wedi ymddangos o'u blaenau, yn sbecian allan o'r corn wrth starn y llong, a hwnnw, yn ôl un ohonynt, yn chwerthin 'fel Beelzebub ei hun!' Ceisiodd Mr Prescott eu tawelu drwy ddweud mai un o'r criw oedd yno, yn gwneud gwaith cynnal a chadw, ond roedd y chwiorydd yn sicr fod yna ryw eglurhad mwy sinistr. Fedrwn i ddim goddef rhagor, ac mi ofynnais iddyn nhw f'esgusodi i, fel y gallwn i fynd yn ôl ar y dec. Cytunodd Mrs Carstairs, yn ddigon cyndyn, ond rhybuddiodd fi i gadw draw oddi wrth y corn dan sylw, rhag ofn.

Yn ôl ar y dec, ro'n i'n falch o ddarganfod ein bod ni'n hwylio ar hyd yr arfordir, yn hytrach nag anelu allan i'r môr. Daeth haid anferth o wylanod sgrechlyd i'n dilyn, gan ddowcio a phlymio, a'u mwynhau eu hunain yn ôl pob golwg. Mi fûm i'n sefyll yno yn pwyso ar y rheilen, yn gwylio'r olygfa hardd yn mynd heibio, ymhell wedi amser te. Aethom heibio i ynysoedd, goleudai a chlogwyni creigiog, bygythiol. Roedd y creigiau'n ffurfio pob math o batrymau, a dydw i ddim yn credu y byddwn i byth yn blino ar amrywiaeth godidog gwyrddni'r tir y tu draw iddynt. Mi fydda i'n caru Llundain am byth, wrth gwrs, ond mae'n siŵr na fu i Tada erioed roi'r gorau i ddifaru gadael y wlad fendigedig hon.

Rhyw ddiwrnod, mi fydd yn rhaid i mi ddychwelyd i Iwerddon er mwyn cael golwg iawn ar yr holl harddwch.

Ar ôl cinio heno – a'r pryd hwnnw mor helaeth ag arfer – aethom i fyny i Ddec A i wrando ar gyngerdd gan y gerddorfa pum dyn. Do'n i ddim yn gyfarwydd â llawer o'r alawon, ond roedden nhw i gyd yn ysgafn ac yn hwyliog, a chafwyd noson bleserus iawn. Roedd y gynulleidfa'n curo dwylo'n frwd ar ddiwedd pob eitem. Weithiau, byddai rhywun yn gwneud cais am alaw arbennig, a'r gerddorfa'n ymateb yn syth bìn, heb betruso unwaith. Ro'n i'n cael y miwsig *ragtime* yn arbennig o ddiddorol. Mae hwnnw'n boblogaidd iawn yn yr Unol Daleithiau yn ôl Mrs Carstairs, ac roedd hi'n fodlon iawn ateb yr holl gwestiynau oedd gen i ynglŷn â cherddoriaeth America.

Rydw i'n sylweddoli nad ydi'r disgrifiad yr ydw i wedi'i roi o 'nghaban preifat yn gwneud cyfiawnder â'r lle. Ar hyn o bryd, rydw i'n gorwedd ar y gwely, sydd â llenni glas, trwchus y gallwn i eu cau o'i gwmpas, pe bawn i'n dymuno hynny. Mae popeth yn yr ystafell o wawr las, o'r papur wal ffloc i'r gorchudd gwely a'r carped moethus. Mae gen i fy nesg fy hun hyd yn oed, a bwrdd gwisgo ac arno ddrych mawr henffasiwn. Yn un rhan o'r ystafell, mae yna fwrdd sgwâr sgleiniog a dwy gadair freichiau gyfforddus. Mae'r bwrdd ymolchi – efo dau sinc! – yn erbyn y wal bellaf, ac mae gen i hefyd ddwymwr wrth ochr y gwely yn ogystal â ffàn yn y to. Mae'r paneli o liw gwinau, gloyw, ac yn cyd-fynd i'r dim â'r cwpwrdd gwisgo.

Rydw i wedi agor mymryn ar y ffenestr. Gan ei bod yn dywyll, does yna ddim byd i'w weld, ond mae'r awyr iach yn dderbyniol iawn. Rydw i'n teimlo'r ystafell braidd yn fyglyd weithiau. Er bod yma nifer helaeth o lampau ar y byrddau ac ar y waliau, mae'n well gen i gadw'r golau'n isel gan fod hynny'n gwneud yr ystafell yn fwy cyfriniol rywsut.

Mae rhywun yn curo ar y drws – pwy, tybed? Dydw i ddim ond newydd ddychwelyd ar ôl bod â Florence am dro. Nid Mrs Carstairs sydd yno, does bosib, yn mynnu ei bod angen mynd eto!

Robert oedd yno, wedi dod â siocled poeth, bisgedi ac afal coch, gloyw i mi.

'Ro'n i'n meddwl efallai y byddech chi eisiau rhywbeth i'w fwyta cyn mynd i'r gwely, Miss Brady,' meddai. 'Mae'r rhan fwyaf o'r teithwyr sydd dan fy ngofal i yn hoffi hynny.'

Roedd hyn yn drêt bach annisgwyl. 'Diolch yn fawr i chi am feddwl amdana i,' meddwn i. 'Fyddwn i ddim wedi mynd ar eich gofyn chi.'

'Rhaid i mi ddweud nad chi ydi'r teithiwr mwyaf plagus sydd gen i, Miss Brady,' meddai, a'i lygaid yn pefrio.

Mi allwn i gredu hynny'n hawdd, gan fy mod i'n clywed y clychau'n canu yn y cabanau o gwmpas yn galw am ei wasanaeth byth a hefyd. 'Mi fyddwn i'n falch iawn pe baech chi'n fy ngalw i'n Margaret,' meddwn i.

Petrusodd. 'Mae disgwyl i ni drin ein teithwyr gyda'r parch mwyaf bob amser.'

'Mi gadwa i'ch diffyg parch cywilyddus chi i mi fy hun,' meddwn i.

Er i hynny wneud iddo chwerthin, roedd golwg braidd yn flinedig arno pan ganodd dwy gloch ar yr un pryd allan yn y coridor. 'Rhaid i mi ddweud nos da, felly, Margaret,' meddai, a gadawodd yr ystafell a gwên ar ei wyneb.

Mi orffennais i bob tamaid o'r afal a'r bisgedi, gan wneud i'r siocled poeth bara gydol yr amser. Wrth fwyta, mi ddarllenais i'r nofel gan Henry James yr o'n i wedi'i benthyca o lyfrgell anferth y llong y bore 'ma. Mae gen i hefyd draethodau o waith Ralph Waldo Emerson a chasgliad o gerddi Emily Dickinson ar y bwrdd wrth fy ngwely.

A dweud y gwir, dydw i byth eisiau gadael y llong yma; mae o'r lle mwya bendigedig ar wyneb daear.

Dydd Gwener, Ebrill 12, 1912
RMS Titanic
Rhywle ar y môr

Rydw i wedi darganfod fod yna eirfa newydd sbon i'w dysgu ar fwrdd llong. Mi ofynnais i i Robert egluro rhai o'r termau i mi pan ddaeth â the a thost a jam i mi'r bore 'ma. Mae *port* i'r chwith o'r llong, a *starboard* i'r dde. Rydw i'n credu fod hynna'n iawn. Mae'n hawdd cymysgu'r holl eiriau newydd 'ma. Mae'r *bow* ar y blaen, y *stern* yn y cefn, a'r *aft* yn y tu ôl wrth y *stern*. Pan fydd pobl yn sôn am *amidships*, cyfeirio maen nhw at ganol y llong. *Alleyway* ydi'r coridor, *galley* ydi'r gegin, a *bulkheads* ydi'r waliau. A ddylech chi byth, byth alw'r *Titanic* yn 'gwch'. 'Llong' ydi hi. Does yna neb wedi gallu egluro i mi hyd yn hyn pam mae llong yn cael ei galw'n 'hi'. Traddodiad, efallai.

Mae Mrs Carstairs wedi dod o hyd i griw brwd o chwaraewyr *bridge*, ac fe dreulion nhw'r rhan fwyaf o'r diwrnod yn chwarae yn y lolfa. Mi fûm i'n eu gwylio am sbel, ond ro'n i'n cael y gêm yn ddryslyd ac yn eitha diflas.

Gan fod Mrs Carstairs wedi ymgolli'n y chwarae, roedd gen i ddigon o amser i archwilio'r llong heddiw. Yr unig orchymyn ges i oedd fy mod i fynd i'w chaban hi cyn prydau er mwyn ei helpu i wisgo. Mae hynny'n swnio braidd yn wirion, ond mae hi angen pâr arall o ddwylo i ymdopi efo'i holl staesiau a'i pheisiau a'i ffrogiau ffansi. Mi fydd hi'n newid cyn bob pryd, ac rydw i eto i'w gweld hi'n gwisgo yr un dillad ddwywaith. Mae hyn yn bwysig iawn i'r merched sydd ar y llong, er na alla i'n fy myw ddeall pam. Rydw i'n credu fod poeni cymaint ynglŷn â ffasiwn yn wastraff amser. Mae hyd yn oed yr amser fydda i'n ei gymryd i gribo fy ngwallt yn fy ngwneud i'n ddiamynedd. Mae'r ffaith mai dyn ifanc sy'n gofalu amdanon ni yn poeni Mrs Carstairs, ac fe ddwedodd heddiw ei bod yn cael ei themtio i ofyn am stiwardés yn ei le. Mi addewais iddi, ar unwaith, y gallai ddibynnu arna i i wneud unrhyw beth a fynnai, a'i hatgoffa o'r gwaith da a wnaeth Robert ar drefnu'r blodau. Roedd golwg braidd yn ansicr arni, ond fe nodiodd yn gyndyn o'r diwedd gan roi arwydd i mi adael.

Mi es yr holl ffordd i lawr (Dec G? Dec F? Ro'n i wedi colli cyfri!) at y pwll nofio a'r cwrt sboncen y bore 'ma, a chael cip i mewn i'r ystafelloedd. Doedd gen i ddim awydd cymryd rhan yn y nofio na'r chwarae, ond roedd hi'n ddifyr gwylio pobl eraill yn gwneud hynny. Wedyn, mi ges i olwg ar y baddonau stêm, y swyddfa bost, ac ystafell fwyta morynion a gweision teithwyr y dosbarth cyntaf. Dydw i ddim wedi cyfarfod llawer o'r morynion a'r gweision, a fydda i byth bron yn gweld Josephine, y ferch ifanc yr ydw i'n rhannu'r toiled efo hi. Mae'r hen wraig biwis ac awdurdodol sy'n ei chyflogi yn ei chadw mor brysur fel nad ydi hi'n cael munud iddi ei hun. Rydw i'n lwcus fod Mrs Carstairs yn llawer mwy rhesymol. Efallai nad ydan ni'n bâr delfrydol, ond mae'r cip fydda i'n ei gael ar wyneb poenus Josephine wrth iddi ruthro heibio yn gwneud i mi gyfri 'mendithion.

O ran hwyl, mi fûm i'n mynd i fyny ac i lawr mewn un lifft ar ôl y llall, ac mi ges i sgwrs ddifyr efo bachgen o'r enw Stephen sy'n gweithio un ohonyn nhw. Un o Southampton ydi o, ac mae wrth ei fodd ei fod wedi cael gwaith ar long mor ardderchog. Mae'n beth od – dydw i ddim yn teimlo'n gyfforddus yma ond pan fydda i'n siarad efo rhai o griw'r llong. Rydw i'n siŵr y byddwn i'n teimlo'n gartrefol pe bawn i'n deithiwr trydydd dosbarth hefyd, gan nad oes gen i hawl bod yma, o ddifri. Mi wn i fy mod i'n lwcus, ond fe fyddai wedi bod yn braf pe bawn i wedi gallu talu fy ffordd.

Yn ddiweddarach, mi es i draw i'r gampfa a dangosodd Mr McCawley, y dyn heini sy'n edrych ar ôl y lle, y gwahanol beiriannau i mi. Yn nwyrain Llundain, mae pobl yn rhy brysur yn gweithio i wneud ymarfer corff, ond mae gan bobl segur ddigon o amser i hynny. Do'n i'n hidio dim am y ceffyl neu'r camel mecanyddol – roedd o'n llawer rhy sbonciog a gwyllt – ond mi wnes i waith eitha da ar bedlo'r beic ymarfer. Mae'n beth od mynd a mynd heb gyrraedd unman, ond mae 'na gloc ar y wal yn dangos pa mor bell yr ydach chi wedi teithio. Mi rois i gynnig ar y peiriant rhwyfo hefyd, ond do'n i'n cael fawr o lwyddiant ar hwnnw.

Gall teithwyr y dosbarth cyntaf fynd i unrhyw le fynnan nhw, ond mae teithwyr yr ail ddosbarth, ac yn arbennig y trydydd dosbarth, wedi eu cyfyngu i rannau arbennig o'r llong. Mae yna hyd yn oed giatiau clo a barrau i gadw teithwyr y trydydd dosbarth ar wahân i bawb arall. Yr unig amser y bydda i'n gweld rhai ohonyn nhw ydi o ben draw'r Promenâd, yn edrych i lawr o'r dec yng nghefn y llong. Yr enw ar y dec hwnnw – ac rydw i'n cael cyfle i ddangos fy ngwybodaeth o iaith llong rŵan, diolch i Robert – ydi *poop deck*, neu'r bwrdd starn. Mae yna wastad dyrfa fawr, hapus wedi casglu yno, a rhyw ddyn yn chwarae'r bagbib yn ddi-baid. Rydw i wedi clywed ffidlwr hefyd. Mae hynny'n codi hiraeth arna i am Whitechapel. Mae teithwyr y dosbarth cyntaf yn tueddu i edrych i lawr eu trwynau ar y trydydd dosbarth, gan bwyntio atyn nhw a'u trafod fel pe baen nhw yn y sw ym Mharc Regent. Gan fod hynny'n gwneud i mi deimlo mor anesmwyth, rydw i wedi penderfynu cadw i ben blaen y llong gymaint ag y galla i.

Wn i ddim sut le sydd gan deithwyr y trydydd

dosbarth, ond rydw i'n gobeithio nad ydi o'n rhy ddrwg. (Roedd disgrifiad William o'i daith dros yr Atlantig yn erchyll – a hunllefus.) Does gen i fawr o syniad beth sy'n digwydd mewn rhannau eraill o'r llong. Mi fyddwn i'n hoffi mynd i lawr i weld drosof fy hun, ond mae'r syniad o allu mynd heibio i'r giatiau clo fel y mynna i, tra mae eraill yn methu, yn fy mhoeni i'n arw. Rydw i'n credu y byddai'n beth sarhaus iawn. Fe ddwedodd Stephen wrtha i yn y lifft fod rhai o deithwyr y dosbarth cyntaf wedi gwneud hynny, a'u bod, ar eu ffordd yn ôl, yn chwerthin ac yn dweud gymaint o hwyl oedd mynd i 'slymio'. Felly, ar waethaf fy chwilfrydedd, dydw i ddim yn bwriadu gwneud y fath beth.

Mae'r llong mor fawr fel bod rhywun yn teimlo wedi ymlâdd ar ôl cerdded o'i chwmpas. Pan fydda i'n mynd â Florence am dro, mi fydda i'n gorfod ei chario hi ran o'r ffordd. Fe all fod yn ddigon ffyrnig, ond dydi hi ddim yn rhyw gryf iawn. Oherwydd bod y tywydd mor oer, mae Mrs Carstairs yn mynnu fy mod i'n rhoi siwmper fach wlân am Florence cyn cychwyn allan. Mae hyn yn ymddangos yn beth 'smala i mi, ond a' i ddim i ddadlau. P'un bynnag, mae Florence yn mwynhau maldod.

Fwy nag unwaith, rydw i wedi mynd heibio i ŵr tal iawn â mwstás yn mynd â'i Airedale am dro ar y Bwrdd Badau. Mi ges i wybod mai Cyrnol Astor ydi o, ac mae Mrs Carstairs yn dweud ei fod yn un o'r dynion cyfoethocaf yn y byd i gyd. Dydi o byth yn ymddangos yn hapus ond pan fydd yn mynd â'i gi am dro. Mae pobl yn trin a thrafod ei wraig yn ddi-baid, oherwydd ei bod hi'n llawer iau na'i gŵr, ac yn disgwyl babi. Rydw i tu hwnt o falch fy mod i'n ffigwr mor ddisylw gan fod cymaint o hel clecs yn ystod y prydau bwyd, ynglŷn â phawb a phopeth. Unwaith mae pobl yn sylweddoli nad ydw i'n ddim ond cymdeithes, mae'r rhan fwyaf yn colli diddordeb yno' i, ac yn dechrau siarad â rhywun arall. Dydw i ddim yn un hawdd fy nigio, a dydi hynny'n poeni 'run gronyn arna i. P'un bynnag, mae'r prydau bwyd ardderchog yn ddigon i fynd â fy holl sylw i.

Oherwydd ein bod ni'n ddigwmni, mae dyn o'r enw Mr Hollings wedi cymryd arno'i hun i gadw llygad arnon ni. Yn ôl pob golwg, mae boneddigion ar fwrdd llong yn ei theimlo'n ddyletswydd cymryd gofal o ferched sy'n teithio ar eu pennau eu hunain. Mae Mrs Carstairs yn dweud y byddai ei Frederick hi'n falch iawn o wybod ein bod ni'n cael ein gwarchod mor dda. Amser bwyd, bydd Mr Hollings yn rhoi ei law o dan benelin Mrs Carstairs ac yn ein harwain ni at y bwrdd. Pan fydd Mrs Carstairs allan ar y dec – a dydi hynny ddim yn digwydd yn aml, gan fod y gêmau cardiau diddiwedd yn ei chadw hi'n brysur – mae Mr Hollings yn gwneud yn siŵr fod y stiwardiaid bythol-barod yn rhoi'r sylw dyledus iddi. Bydd yn ymuno â ni'n aml yn ystod prydau bwyd, ynghyd â dyn ifanc eiddil o'r enw Ralph Kittery, nad oes ganddo ddiddordeb mewn dim ond polo a marchnad stoc America. Mae Mrs Carstairs yn llawer gwell na fi am ffugio diddordeb yn y pynciau hyn. Y gorau fedra i ei wneud ydi gwenu braidd yn amhendant, a nodio bob hyn a hyn.

Mae eistedd wrth fwrdd yn llawn Americanwyr, yn ystod pryd ar ôl pryd, yn brofiad anghyffredin iawn. Er eu bod yn bobl fywiog, mae rhywbeth yn blentynnaidd ac yn ddiniwed ynddyn nhw. Rhyw dinc ysgafn o acen Rhydychen sydd gen i, ar y gorau, a byddai unrhyw Sais neu Saesnes yn gweld trwyddi ar unwaith. Rydw i wedi cael fy nghyflwyno i rai o'r teithwyr o Brydain, yn yr ystafell dderbyn cyn cinio ac ati, a'r munud y byddai i'n agor fy ngheg mae'r wên maen nhw'n ei rhoi i mi yn fwy o winc gam na dim arall. Ond mae'r Americanwyr i gyd yn credu fy mod i'n swnio'n alluog iawn. Pan fydda i yn siarad, mae Mrs Carstairs fel pe bai hi'n dal ei hanadl. Ofn i mi ddweud rhywbeth o'i le sydd ganddi, am wn i, ond mae hynny'n gystal rheswm â'r un dros gadw'n ddistaw.

Roedd rhyw Mrs Janson o Philadelphia yn un o'r cwmni heno; dynes fain, bryd golau a'i llygaid yn plycio'n ddi-baid. Gofynnodd o ble'r o'n i'n dod, a phan ddwedais i Whitechapel, ond i mi gael fy ngeni yn Wapping, roedd hi'n amlwg wedi dotio at yr enwau. Cyn belled â bod Whitechapel yn y cwestiwn, ro'n i eisiau dweud fod Jack the Ripper yn amlwg wedi rhannu ei diddordeb hi yn yr ardal – ond dal fy nhafod wnes i. Anaml iawn y mae'r Americanwyr yn mwynhau fy hiwmor i. Ond mae'n rhaid i mi gyfaddef fy mod i'n cael fy nhemtio weithiau.

'Mi welais i eneth fach arbennig iawn o Baris ar y dec heddiw,' meddwn i, yn ystod seibiant yn y sgwrs heno. 'Prin yn bedair oed, ac eisoes yn siarad Ffrangeg!'

Ddwedodd neb yr un gair, ac roedd golwg ddryslyd arnyn nhw. Yna, er syndod i mi, dyna Horace, y stiward gwin, yn chwerthin. Pan welodd nad oedd neb arall yn ymuno, newidiodd y chwerthiniad yn beswch, ac aeth ati i ail-lenwi gwydrau pawb.

Yn y cyfamser, yn ôl â fi at fy hadog. A chyn pen dim roedden nhw wrthi unwaith eto yn trafod holl bleserau tymor yr haf yn Newport.

A dyna'r math o brofiadau yr ydw i'n eu cael. Mae'n rhaid fy mod i'n siom fawr fel cymdeithes. Does gan Mrs Carstairs a minnau fawr ddim yn gyffredin i sôn amdano. Ond rydw i'n dal i wneud cryn dipyn o ddyletswyddau diflas iddi, felly mae'n debyg fy mod i o leiaf yn ateb yr angen fel morwyn. Mae'r tasgau hyn yn cynnwys anfon ei dillad i gael eu glanhau a'u presio bob dydd, rhoi dŵr glân yn ei fasau blodau, archebu tamaid rhwng prydau iddi, a chymryd gofal mawr o Florence wrth gwrs. Er ei bod hi'n meddwl y byd o'r ast fach, dydi hi ddim yn rhy hoff o fynd â hi am dro – nac, yn bwysicach fyth, o lanhau ar ei hôl. Ddoe, daliodd Florence fi'n ddirybudd yn nghwr eithaf rhes o fadau achub, a chynigiodd swyddog oedd yn mynd heibio ar y pryd ei hances boced i mi fel cyfraniad at yr achos.

Ro'n i'n ddigon parod i noswylio'n gynt nag arfer heno gan fod y diwrnod o chwilota wedi fy llethu i. Mae curo cyson y peiriannau oddi tana i yn gysur, ac yn fy suo i gysgu. Rydw i'n dal i feddwl fod yn well gen i'r ystafell ddarllen ac ysgrifennu nag unman arall ar y llong. Mi fedrwn i'n hawdd dreulio diwrnod cyfan yno, a dydw i ddim yn credu y byddwn i byth yn blino ar hynny.

Rhwng yr ystafell honno, a'r llyfrgell, ni fyddai difyrru fy hun yn broblem o gwbwl.

Roedd y tywydd yn ardderchog heddiw. Gobeithio y bydd hi'r un mor braf fory!

Dydd Sadwrn, Ebrill 13, 1912
RMS Titanic

Rydw i'n mwynhau defod y bore o gael te a sgons yn f'ystafell – a hynny o sgwrs sy'n bosibl cyn i sain y clychau alw Robert i ffwrdd. Mae wedi dechrau dod â sgon neu ddwy'n ychwanegol, ac aros i fwyta efo fi.

Mi ofynnais iddo heddiw sut mae pethau i lawr yn y trydydd dosbarth.

'Digon cyfforddus,' meddai. 'Mi fyddwn i'n ddigon bodlon bod yno fy hun. Rydw i wedi gweld llongau lle nad ydi'r ail ddosbarth ddim cystal â'n trydydd ni.'

Ro'n i'n falch o glywed hynny. 'A sut gabanau sydd ganddoch chi?' holais.

'Wel, dydan ni'n cael fawr o amser yno,' meddai, ar ôl seibiant bach. 'Rydw i wedi bod yn andros o lwcus o gael fy nerbyn yn un o'r criw. Ro'n i wedi bod allan o waith ers wythnosau, ac mae Mam angen yr arian yn sobor.'

'Gweithio'i ffordd fel gwas caban ar hen sgerbwd o long wnaeth William 'y mrawd,' meddwn i. 'Feddyliais i erioed y byddwn i'n teithio yn unrhyw le ond y trydydd dosbarth.'

Winciodd arna i. 'Rydan ni'n dau wedi cael tipyn o lwc, felly.'

Fel arfer, dechreuodd clychau ganu, ac i ffwrdd â fo. Bob bore, mae'n rhoi'r *Atlantic Daily Bulletin*, papur newydd y *Titanic*, ar fy hambwrdd i, ac mi ges i gip arno wedi iddo adael. Mae'n cynnwys storïau ac eitemau ysgafn, fel yr un sy'n dweud faint o filltiroedd yr ydan ni wedi'u teithio yn ystod cyfnod o 24 awr. Gan fod y tywydd o'n plaid, mae'r llong fel petai'n gwneud yn well ac yn well, ac mae'r teithwyr yn cystadlu â'i gilydd bob dydd i geisio dyfalu'r rhif cywir. Rydan ni i fod i gyrraedd Efrog Newydd fore Mercher. O, dwi'n gobeithio y bydd William yno ar y doc yn aros amdana i!

Yn ddiweddarach

Y prynhawn 'ma, pan o'n i ar yr ochr dde i'r Promenâd, fe arhosodd Cyrnol Astor i edmygu Florence ac i roi anwes iddi. Roedd yntau'n mynd â'i gi am dro, ac mi ofynnais iddo beth oedd ei enw. Chwerthin wnes i pan ddwedodd 'Kitty', ac roedd hynny'n ei blesio, mae'n amlwg. Efallai ei fod yn ffigwr urddasol, ond sut y gallwch chi beidio â hoffi dyn sy'n galw'i gi yn 'Kitty'?

Cafodd Mrs Carstairs a minnau de yn y Café Parisien, yn hytrach na'r lolfa. Mae'r awyrgylch yn llawer llai ffurfiol yno nag yn yr ystafell fwyta a rhyw deimlad ysgafn, braf i'r ystafell, ac fe gawson ni amser dymunol.

Mae yno blanhigion niferus a chadeiriau gwellt, a hyd yn oed eiddew yn tyfu i fyny'r waliau! Daeth nifer o foneddigesau eraill i ymuno â ni. Mae gan un ohonyn nhw, gwraig o'r enw Mrs Brown, daran o chwerthiniad, ac roedd y lleill fel pe baen nhw'n meddwl ei bod hi braidd yn gwrs. Oherwydd iddi ddod i eistedd wrth fy ochr, a gofyn un cwestiwn cyfeillgar ar ôl y llall i mi, mi gymerais i ati ar unwaith. Os rhywbeth, roedd ganddi fwy o ddiddordeb yna' i wedi iddi ddarganfod mai dim ond cymdeithes o'n i. Mae hi'n credu y bydda i'n cael America'n lle tan gamp, ac y bydd Boston yn fy siwtio i i'r dim, gan fod yr ardal yn enwog am ei sefydliadau addysgol. Roedd clywed hynny'n galondid i mi, ac rydw i'n gobeithio y daw'r hyn yr oedd hi'n ei rag-weld yn wir.

Am ryw reswm, mae Mrs Carstairs wedi cael digon ar y *bridge* am heddiw, ac mi fûm i'n chwarae calonnau efo hi nes ei bod yn amser i mi ei helpu i wisgo ar gyfer cinio. Dywedodd wrthyf am wisgo'r ffrog batrymog heno, a chadw'r un sidan werdd tan fory. Dyna wnes i, ac fe syllodd yn feirniadol arna i cyn gofyn i mi dynnu'r hyn yr oedd hi'n ei ddisgrifio fel 'y loced ddychrynllyd 'na'. Er bod hynny wedi fy mrifo i i'r byw, y cwbwl wnes i oedd dweud yn dawel mai eiddo mam yr oedd gen i feddwl y byd ohoni oedd y loced ac na fyddwn i'n ei thynnu i ffwrdd ar unrhyw gyfrif yn y byd.

'O'r gorau,' meddai Mrs Carstairs, gan astudio fy

ngwddw, a gollwng ochenaid fach. 'Mi ro i fenthyg sgarff i chi.'

Wnaeth hi ddim ymddiheuro i mi am sarnu'r cof o Mam nes ein bod ni'n aros am y lifft. Mi dderbyniais i hynny'n raslon, gan roi fy llaw dros y loced i'w gwarchod. Y cwbwl sydd ynddi ydi cudynnau bychain o wallt tywyll o'r amser pan oedd William a minnau'n fabanod – mi fyddai'n well gen i gael darluniau o'm rhieni – ond rydw i'n ei thrysori, er hynny.

Roedden ni ar ein ffordd i'r ystafell fwyta *à la carte*. Y Ritz mae pawb yn ei galw, ar ôl rhyw westy enwog. Efallai nad ydw i'n gallu gwerthfawrogi'r cysylltiad, ond rydw i'n siŵr fod yna un. Mae'r Ritz yn llai ac yn fwy chwaethus na'r ystafell fwyta arall, y dodrefn wedi eu gosod yn llai ffurfiol a'r cadeiriau wedi'u gorchuddio â defnydd blodeuog. Mae'r waliau wedi eu panelu â choed o wawr euraid, a llawer o ddrychau wedi eu gosod ynddyn nhw. Dywedodd Mr Hollings, oedd yn ciniawa efo ni unwaith eto, fod y drychau'n rhoi'r argraff fod yr ystafell yn fwy nag ydi hi mewn gwirionedd, ac rydw i'n barod i gredu hynny.

Roedd y napcynau wedi cael eu plygu ar ffurf coniau, a'r patrwm ar y llestri ymyl aur yn hollol wahanol i'r un yr ydw i wedi'i weld mewn mannau eraill ar y llong. Rydw i'n pitïo'r rhai sy'n gorfod eu golchi i gyd!

Er fy mod i wedi astudio Ffrangeg, do'n i ddim yn

teimlo'n ddigon hyderus i gyfieithu'r fwydlen. Mae modd archebu naw cwrs, ond byddai hynny'n ormod hyd yn oed i fwytwr mor dda â fi. Mi rois i gynnig ar y cafiâr am y tro cyntaf – a'r tro olaf! Roedd yn hallt iawn, a blas cryf arno, ac roedd teimlo'r wyau yn llithro i lawr fy nghorn gwddw yn troi ar fy stumog i. Yn ôl pob golwg, fi oedd yr unig un wrth y bwrdd i adweithio felly, gan fod y cafiâr yn diflannu ddwywaith yn gyflymach na'r wyau cornchwiglod a'r bwydydd-codi-blys eraill.

Rydan ni'n cael gwin gwahanol efo pob un o'r cyrsiau. Er fy mod i'n sipian o'r gwydrau weithiau, dydw i ddim wedi dod yn agos at orffen yr un ohonyn nhw. Pan gynigiodd y gweinydd ddod â lemonêd i mi, mi dderbyniais i'n eiddgar.

Ar ôl cinio, ro'n i'n falch fod gen i'r esgus o orfod mynd â Florence am dro, gan fy mod i'n teimlo'n llawn dop. Sut mae boneddigesau fel Mrs Carstairs yn gallu bwyta o gwbwl a'r staesiau 'na'n gwasgu amdanyn nhw? Rydw i'n fy nghyfri fy hun yn lwcus nad ydw i erioed wedi gorfod rhoi'r fath ddilledyn caeth amdanaf. Mae'n debyg y bydd yn rhaid i mi wneud hynny pan fydda i ychydig yn hŷn, ond rydw i'n gobeithio gallu gohirio gwisgo'r symbol hwnnw o dyfu i fyny cyn hired ag y bo modd.

Oherwydd ei bod yn oer ar y Bwrdd Badau, gwisgodd Florence a minnau bwlofer yr un. Mi eisteddais i ar gadair gynfas am ychydig funudau, gan anadlu'r awyr iach, braf a syllu i fyny ar y sêr. I bob cyfeiriad arall, allwn i weld dim ond düwch y cefnfor. Ar y cyfan, prin y gallwn i weld hwnnw, ond ro'n i'n gallu'i synhwyro. Roedd goleuadau'r llong yn ymddangos yn gynnes ac yn gysurlon yng nghanol y cefnfor unig.

Daeth un o foneddigion y dosbarth cyntaf – dydw i ddim yn cofio'i enw – heibio, ac aros i danio sigarét.

'Esgusodwch fi, miss,' meddai – ac yna oedodd i edrych yn fanylach arna i. 'Morwyn Evelyn Carstairs ydach chi, yntê? Dydw i ddim yn siŵr oes ganddoch chi hawl bod ar y dec yma.'

Ro'n i'n teimlo cywilydd, a dicter hefyd. 'Rydw i'n gwarchod y ci,' atebais.

Cododd ei ysgwyddau, tanio'i sigarét – yn fy wyneb i! – ac ymlaen â fo. Fydd boneddigion byth yn ysmygu yng ngŵydd boneddigesau – ond mae'n debyg nad ydi morynion yn cyfri.

A'r tawelwch braf wedi'i ddinistrio, codais a mynd yn ôl i mewn. Bydd yn rhaid i mi geisio cofio fod y bobl sydd ar y llong wedi bod yn glên iawn wrtha i, ar y cyfan. Ac roedd arogl whisgi arno, felly efallai nad oedd yn ei iawn bwyll.

Ro'n i wedi cael fy mrifo, er hynny.

Dydd Sul, Ebrill 14, 1912
RMS Titanic

Y bore 'ma, fe aethon ni i wasanaeth crefyddol oedd yn cael ei gynnal yn yr ystafell fwyta. Rhoddodd hynny gysur mawr i mi, sy'n awgrymu fy mod i'n fwy defosiynol nag yr o'n i wedi sylweddoli. Yn St Abernathy, fe fydden ni'n mynd i'r offeren bob dydd, a daeth hynny'n rhan o batrwm fy mywyd i. Roedd gweld y lleianod a'r offeiriaid yn fy nghysuro i. Galwyd yr offeren hwn yn Wasanaeth Dwyfol, fel bod teithwyr o bob ffydd yn teimlo'n gyfforddus yno mae'n debyg. Roedd croeso i deithwyr yr ail a'r trydydd dosbarth ymuno â ni, ac ro'n i'n meddwl y byddai mwy wedi manteisio ar hynny. Eistedd ar y cyrion, neu sefyll ym mhen draw'r ystafell, wnaeth y rhan fwya o'r rhai ddaeth yno. Ro'n i'n cael fy nhemtio i ymuno â nhw, ond mi wyddwn na fyddai Mrs Carstairs yn hoffi hynny, ac mi arhosais ble'r o'n i.

Yn hytrach na gweinidog neu offeiriad, y Capten E. J. Smith ei hun oedd yn arwain y gwasanaeth. Er bod ei farf frith, drwchus a'i lygaid dwys yn gwneud iddo edrych braidd yn sarrug, mae ganddo lais ysgafn a melodaidd. Mi wn i ei fod yn brysur iawn yn rheoli'r llong, ond mae hefyd yn cymysgu â'r teithwyr ar adegau. Pan fydd pobl yn mynnu ei fod yn aros i sgwrsio efo nhw, mae'n ymateb yn gwrtais bob amser. Mae Mrs Carstairs wedi pwdu oherwydd nad ydan ni wedi cael gwahoddiad i eistedd wrth fwrdd y capten hyd yma, ond fe fyddwn ni'n cael ein pryd canol dydd heddiw yng nghwmni'r Prif Stiward, Mr McElroy a'r meddyg llong rhadlon, Dr O'Loughlin. Mae Mrs Carstairs yn sicr y byddai ei statws cymdeithasol yn llawer uwch pe bai ei Frederick hi yma.

Ar ddechrau'r gwasanaeth, cafodd pawb gopi o Lyfr Gweddi cwmni'r White Star. Roedd amryw o'r gweddïau a'r salmau'n adnabyddus, ac eraill â thema forwrol bendant iddynt. Y gerddorfa oedd yn cyfeilio i ni, a daeth y gwasanaeth i ben â chytgan fyddarol o'r emyn, 'O God, Our Help in Ages Past'.

Daeth galwad y biwgler am un o'r gloch. Yn St Abernathy, clychau oedd yn ein galw ni drwy gydol y dydd; rŵan rydw i'n ateb i alwad biwgl. Ydi hynny'n ddatblygiad, tybed?

Oherwydd ein bod ni'n mynd i eistedd wrth fwrdd pwysicach nag arfer, dywedodd Mrs Carstairs wrtha i am wisgo fy ffrog felen a rhoi sylw ychwanegol i 'ngwallt.

Roedd y sgwrs yn ystod y pryd bwyd yn cynnwys llifeiriant diddiwedd o gwestiynau wedi eu hanelu at y Prif Stiward McElroy a Dr O'Loughlin. Fel uwch-swyddogion, mae'n ddisgwyliedig fod ganddyn nhw wybodaeth gyfrinachol. Bu yna gryn drafod ynglŷn â pherfformiad y llong, ac a ydi'r si ein bod ni'n debygol o gyrraedd Efrog Newydd nos Fawrth yn hytrach na bore trannoeth yn wir ai peidio. Roedd un boneddwr hyd yn oed eisiau gwybod a oedd coel ar y stori fod mynyddoedd rhew o'n blaenau. Llwyddodd y swyddogion i osgoi rhoi atebion pendant i'r rhan fwyaf o'r cwestiynau hyn. Felly symudodd y cwmni ymlaen i ganmol rhai o adnoddau'r llong, ac i gwyno ynglŷn ag eraill. Cafwyd ymateb i'r sylwadau hyn gan y Prif Swyddog McElroy, a hynny gyda mwy o awdurdod.

Canolbwyntio ar fwynhau'r pryd bwyd wnes i, wrth gwrs, oherwydd fy mod i ar lwgu. Ro'n i wedi gwrthod brecwast gan na fyddai'n weddus bwyta cyn y Gwasanaeth Dwyfol. Roedd gen i ofn y byddai hynny wedi digio Robert, ond fe ddwedodd nad oedd ond yn rhy falch o barchu fy nymuniad i. Mi wnes i gytuno i sipian ychydig o de, ac fe fuon ni'n trafod sut brofiad oedd tyfu i fyny yn Lerpwl, yn un o naw o blant. Roedd ei deulu'n swnio'n un hapus a chlòs, er iddo ddweud fod ei dri brawd ac yntau wedi cael 'sawl ffeit'. Bu'n rhaid i minnau gyfaddef, er bod yn well gen i gofio'r adegau hapus yn unig, fod William a fi wedi cael ffrae neu ddwy hefyd. Mae'n debyg y byddai William wedi dweud dwy neu dair.

Yn ystod y trydydd cwrs, gwenodd Dr O'Loughlin arna i ar draws y bwrdd. Mae ganddo wallt gwyn, ac mae'n ymddangos yn hynod o garedig. 'Dydach chi ddim yn dioddef gyfansoddiad delicet, yn nag ydach, 'ngeneth i?' meddai.

'Rydw i'n manteisio ar bob cyfle i wneud cyfiawnder â'r bwyd, syr,' meddwn i. Parodd hynny iddo chwerthin.

'Dyna beth oedd gosodiad Edwardaidd o'r iawn ryw!' cyhoeddodd y Prif Stiward McElroy, gan beri rhagor o chwerthin.

Ar ôl y fath wledd ardderchog, ro'n i'n fodlon aros i ddarllen yn f'ystafell, tra oedd Mrs Carstairs yn cael cyntun. Cyn ei bod yn amser gwisgo ar gyfer cinio, fe aethon ni'n dwy draw i swyddfa'r Prif Stiward, i nôl rhai o'i thlysau. Yna fe aethon ni heibio i'r swyddfa radio er mwyn iddi anfon telegram i'w mab-yng-nghyfraith, i adael iddo wybod y gallai gyrraedd yn gynt na'r disgwyl. Mae'n rhaid fod y dynion ifanc sy'n gweithio yn ystafell Marconi yn cael eu llethu â gwaith, a barnu yn ôl y llwyth anferth o negeseuon oedd yn aros i gael eu danfon allan.

Fe gymerodd lawer mwy o amser nag arfer i Mrs Carstairs gael ei hun yn barod heno. Roedd hi eisiau i mi ei helpu i drefnu ei gwallt mewn ffordd arbennig o gymhleth, ond trwsgl iawn oedd f'ymdrechion i ar ei rhan. Yn y diwedd, galwodd ar forwyn ffrind iddi i'w helpu, gan fy ngorchymyn i drwy'r amser i wylio'n ofalus iawn fel y galla i wneud y gwaith fy hun y tro nesaf. Ro'n i'n amau ei bod hi wedi gor-wisgo, ond mi ddois i wybod yn fuan iawn mai noson felly oedd hi i fod heno. Roedd y merched yn eu gwisgoedd min nos mwyaf ysblennydd, yn dlysau ac yn emau i gyd, a'r dynion yn edrych yn urddasol iawn yn eu siacedi cinio duon.

Ro'n i wedi gwisgo'r esgidiau newydd er mwyn plesio Mrs Carstairs, er fy mod i'n teimlo braidd yn ansad ynddyn nhw. Roedd teimlad esmwyth, braf i'r ffrog sidan werdd. Rhoddodd Mrs Carstairs bâr o fenig i mi, hefyd, a'r rheiny'n cyrraedd bron hyd at fy mhenelin!

Petai rhywun wedi fy nghyhuddo i'r funud honno o fod yn hoiti-toiti byddai wedi bod yn llygad ei le.

Pan gerddon ni i mewn i'r Ystafell Dderbyn i gael coctels cyn cinio, roedd yr olygfa o fy nghyd-deithwyr yn eu dillad gorau oll yn un drawiadol iawn. Ffrogiau cynffonnog, siacedi a stoliâu ffasiynol, ffwr a pherlau, les a sidan, aur ac emrallt, pob un am y crandia. Mae heno'n achlysur arbennig iawn gan y bydd pawb yn canolbwyntio ar eu pacio fory.

Aeth Mr Hollings i nôl gwydraid o win i Mrs Carstairs, a dŵr i minnau. Pan ddaeth yn amser mynd i'r ystafell fwyta, edrychodd Mr Kittery, ei ffrind ifanc diflas, i 'nghyfeiriad i, edrych eto, ac yna cynnig ei fraich i mi. Roedd hynny'n awgrymu i mi fod fy ymddangosiad i – neu o leiaf ansawdd fy ffrog sidan – yn weddol lwyddiannus heno. Atgoffodd Mrs Carstairs ef, yn siarp, nad ydw i ond geneth ifanc, ac y dylai ymddwyn mewn modd bonheddig. Gan mai'r cyfan yr oedd eisiau ei wneud oedd canmol ei orchestion wrth chwarae polo unwaith eto, dydw i ddim yn credu fod angen iddi boeni.

Roedd pawb yn yr ystafell fwyta mewn hwyliau da, a'r sgwrsio bywiog yn codi lefel y sŵn. Mi rois i gynnig ar wystrysen amrwd, ond ro'n i'n ei chael yn rhy hallt. Roedd yr ail gwrs o gawl barlys hufennog yn fwy at fy nant i. Cyn gynted ag yr o'n i'n rhoi llwy neu fforc i lawr roedd y plât yn cael ei gipio i ffwrdd ac un arall yn cael ei roi'n ei le.

Ymysg danteithion eraill, mi fwynheais i'r hwyaden wedi'i rhostio, y tatws melys, a'r moron oedd yn toddi yn fy ngheg i. *Éclair* siocled a hufen iâ fanila oedd fy newis i o bwdin. Erbyn hynny, ro'n i wedi fy nigoni, a doedd arna i ddim angen y cwrs olaf o gaws a ffrwythau.

Ar ôl y fath wledd, roedd yn syndod fod yr un ohonon ni'n gallu cerdded. Roedd rhai o'r teithwyr wedi cael diferyn yn ormod, ond doedd hynny'n ddim ond rhan o'r hwyl a'r dathlu. Rhoddodd y gerddorfa berfformiad mwy cyffrous nag arfer hyd yn oed yn y cyngerdd heno, ac mi fûm i'n sipian diod mafon gydol yr amser.

Oherwydd ei bod wedi oeri cymaint, mi gymerais i gyngor Mrs Carstairs a gwisgo fy nghôt binc i fynd â Florence am dro. Efallai nad oedd y gôt yn gweddu i fy ffrog i, ond doedd 'na fawr neb o gwmpas i sylwi. Fel rheol, mae 'na amryw o gyplau cariadus yn rhodio'n ôl a blaen, ond roedden nhw wedi cadw draw heno oherwydd y tymheredd rhewllyd, ac mi ges i'r dec i mi fy hun y rhan fwyaf o'r amser. Yn ffodus, doedd yna ddim golwg o'r boneddwr anghwrtais a'i sigaréts.

Roedd yr awyr yn rhyfeddol o glir, ac arhosais i syllu i fyny arni, wedi fy swyno'n llwyr. Roedd y cefnor yn llyfn fel gwydr, a'r sêr yn disgleirio fel gemau. Er nad oedd y lleuad wedi codi eto, roedd goleuni'r sêr yn gwneud iawn am hynny. Dyna beth oedd noson i'w chofio!

Wedi i mi fynd â Florence yn ôl at Mrs Carstairs, mi ges i fàth braf cyn newid i fy nghoban. Rydw i wedi bod yn ysgrifennu'n brysur ers hynny, ond mi ro i'r gorau iddi toc gan fy mod i'n dechrau teimlo'n swrth. Mae wedi troi hanner awr wedi un ar ddeg, ac rydw i'n edrych ymlaen at gael noson dda o gwsg.

Daeth Robert â siocled poeth i mi fel arfer, wrth gwrs, ac rydw i'n dal i sipian hwnnw. Doedd gen i ddim awydd bisgedi ar ôl y fath bryd anferth, ond mae'r siocled yn flasus iawn. Chawson ni fawr o gyfle i siarad gan fod un o'r teithwyr yn teimlo'n sâl, a Robert yn aros i Dr O'Loughlin ddod i fyny i gael golwg arno. Ond, gyda lwc, fe gawn ni gyfle bore fory i –

Digwyddodd rhywbeth od iawn rŵan. Wnaeth fy llaw i ddim symud, ac eto fe dasgodd peth o'r siocled dros ymyl y gwpan, fel pe bawn i wedi cael rhyw ysgytiad. Efallai fod y môr yn dechrau corddi? O, nac ydi

111

gobeithio, a ninnau wedi cael amser mor dawel cyn belled.

Rydw i'n ofni y bydd Mrs Carstairs yn flin fy mod i wedi staenio fy nillad nos newydd. Efallai y dylwn i eu rhoi i socian yn y sinc, a newid i'r hen goban y byddwn i'n ei gwisgo yn St Abernathy.

Mae rhyw gynnwrf i'w glywed allan yn y coridor, ac rydw i am fynd i weld be sy'n digwydd. Efallai fod pobl eraill wedi sylwi ar yr ysgytiad hefyd?

Rydw i newydd ddychwelyd. Ro'n i wedi taro côt wlân Tada amdanaf a'r esgidiau botwm am fy nhraed. Roedd pobl yn cerdded heibio ar eu ffordd i'r dec; rhai'n meddwl ein bod ni wedi taro llong arall, ac eraill yn ofni efallai ein bod ni wedi cyffwrdd mynydd rhew, gan fod y tywydd mor oer heno. Mi rois i gnoc ar ddrws Mrs Carstairs, ond fe ddwedodd wrtha i ei bod hi'n ceisio cysgu, ac mai dyna ddylwn innau fod yn ei wneud, fel unrhyw berson synhwyrol yr adeg yma o'r nos. Rydw i, fodd bynnag, yn teimlo y dylwn i wisgo, a mynd i fyny i'r dec i weld drosof fy hun. Mi wn i fod Robert yn brysur, ond rydw i'n cael fy nhemtio i fynd i chwilio amdano fo, a gofyn iddo – ond, mae rhywbeth yn wahanol. Dydw i ddim yn siŵr beth, ond mae popeth yn wahanol rywsut.

Mae 'na newid wedi bod yn yr awyrgylch, a sŵn gwag yn fy nghlustiau i – ie, dyna'r gwahaniaeth. Alla i ddim clywed cryndod cyson y peiriannau mwyach. Yn ystod y dyddiau diwethaf, mae'r sŵn cefndir hwnnw wedi bod o gysur i mi – a rŵan, yn hollol ddirybudd, mae wedi peidio. Tybed pam?

Rydw i'n clywed lleisiau yn y coridor yn cyfeirio at 'fynydd rhew', drosodd a throsodd, ond does neb i weld wedi cynhyrfu. Efallai fod digwyddiad fel hwn yn rhan o'r drefn arferol. Mae'n beth od fod y peiriannau wedi distewi, ac rydw i'n gobeithio nad oes yna ddim byd wedi torri. Efallai mai rhedeg yn arafach maen nhw, ac mai dyna pam nad ydw i'n gallu eu clywed.

Rydw i'n credu yr a' i allan i chwilio am Robert. Mi wn i y bydd o'n gallu tawelu fy meddwl i.

Mae'n rhaid fod hyn yn rhan o'r drefn. Beth arall all o fod?

Dydd Llun, Ebrill 15, 1912

Mae fy nwylo i'n crynu. Rydw i'n teimlo dagrau poethion yn procio y tu ôl i'm llygaid, a does gen i ddim syniad ble i ddechrau. Rydw i'n teimlo'r angen i gofnodi popeth yn fanwl gywir, yn union fel y digwyddodd, ond mae fy meddwl i'n un llanast o ddryswch, a blinder, ac anobaith. A thristwch; rydw i wedi fy llethu gan dristwch.

Y Bwrdd Badau. Mi a' i'n ôl i'r Bwrdd Badau, a dilyn digwyddiadau'r noson o'r fan honno. Neu – na, mae'r stori'n cychwyn cyn hynny, ac felly dyna ble dechreua i.

Roedd hi wedi hanner nos, ac mi allwn i ddal i glywed pobl yn symud o gwmpas yn y coridor. Cyn i mi gael cyfle i ymuno â nhw, daeth cnoc sydyn ar y drws. Robert oedd yno. Er ei fod yn gwenu, roedd golwg daer yn ei lygaid.

'Noswaith dda, Miss Brady,' meddai. 'Mae angen i chi wisgo dillad cynnes, a mynd draw i'r Bwrdd Badau. A gofalwch fynd â'ch gwregys achub efo chi.'

Miss Brady? Pan glywais i hynny, mi ddechreuais deimlo'n ofnus am y tro cyntaf, ond ro'n i'n poeni hefyd. O'n i wedi gwneud rhywbeth i'w ddigio? Byddai hynny'n beth dychrynllyd. Mae'n rhaid ei fod wedi sylwi fod golwg ofidus arna i, oherwydd estynnodd ei law allan a chyffwrdd yn ysgafn â 'mraich.

'Dril arferol,' meddai. 'Does dim angen i chi boeni.'

Gwyddwn fod yn rhaid iddo fynd ymlaen â'i ddyletswyddau, felly mi ddois o hyd i wên fach iddo, a nodio. Os oedd Robert yn dweud mai dril arferol oedd hwn, dyna oedd o. Roedd ar fin gadael pan ddywedodd, yn dawel iawn, 'Peidiwch â chymryd gormod o amser, Margaret.'

Er ei bod yn anodd credu hynny, efallai nad dril oedd hyn, wedi'r cyfan.

'Be sy'n digwydd, Robert?' holais.

'Dowch,' meddai. 'Does dim amser i'w wastraffu.'

Roedd yn edrych mor bryderus fel nad o'n i eisiau ei boeni â rhagor o gwestiynau, felly dim ond nodio wnes i.

'Rydw i eisoes wedi deffro Mrs Carstairs, ond fe fydd gofyn i chi roi pwysau arni i frysio,' meddai.

Nodiais eto, a rhoddodd yntau ei law ar fy mraich unwaith yn rhagor cyn symud ymlaen i'r caban nesaf.

Roedd fy nwylo'n crynu wrth i mi baratoi i wisgo fy nillad cynhesaf. Yr esgidiau botwm, y bais fwyaf trwchus, y sgert lwyd, y flows wen, a'r hen siwmper frown. Mi wisgais gôt wlân ddu Tada dros y cwbwl, gan roi menig yn un boced, a'r dyddiadur yn y llall. Wedi meddwl rhagor, mi rois i gopi Tada o *Hamlet* mewn poced hefyd, a gwneud yn siŵr fod loced Mam yn ddiogel am fy ngwddw i. Yna llithrais fy ngwregys achub dros fy mhen a'i chau'n dynn. Roedd hi mor drwsgl fel fy mod i'n ei chael yn anodd cerdded, a hyd yn oed symud fy mreichiau.

Roedd meddwl am orfod mynd allan wedi codi gwrychyn Mrs Carstairs.

'Pam ar wyneb daear yr ydach chi wedi'ch lapio'ch hun i fyny fel yna?' holodd. 'Dim ond bod yn ofalus maen nhw.'

Os oedd Robert eisiau i ni frysio, ro'n i'n siŵr fod ganddo reswm da. 'Rydw i'n credu y dylech chi ystyried hyn yn ddifrifol,' meddwn yn dawel. 'Rhaid i ni ddilyn y cyfarwyddiadau.'

'Wel, rydw i'n gobeithio eu bod nhw'n bwriadu cloi'r cabanau,' cwynodd Mrs Carstairs. 'Mae gen i lawer gormod o bethau gwerthfawr i fentro gadael y lle'n agored.'

Fe gawson ni ddadl fach pan benderfynodd Mrs Carstairs nad oedd hi am i Florence orfod dioddef y gwynt oer, a'i bod am ei gadael i orffwyso'n ddiogel yn y caban. Gwrthodais ystyried hynny, a mynd ati i roi Florence yn ei siwmper ar unwaith. Roedd Mrs Carstairs yn credu bod hynny'n beth powld; ar y pryd, ro'n innau'n credu ei bod hi y tu hwnt o dwp.

Roedd Mrs Carstairs yn anfodlon gwisgo'i gwregys achub hefyd, oherwydd ei fod yn rhy lletchwith. Ro'n i'n colli amynedd erbyn hynny, ond yn ffodus daeth Robert i mewn a chymryd drosodd, gan roi cyfarwyddiadau tawel, ond pendant.

'Fydd fy mhethau gwerthfawr i'n ddiogel?' holodd Mrs Carstairs. 'Ddylen ni ddim mynd at y Prif Stiward?'

Dywedodd Robert wrthi am beidio â phoeni, gan y byddai ef yn gofalu cloi'r cabanau, ac y dylai fynd draw i'r Bwrdd Badau heb oedi rhagor. Edrychais arno fel yr oedden ni'n gadael. Roedd yn dal i wenu, ond yn edrych yn welw iawn yn ei siaced wen.

'Mi fydd popeth yn iawn, Margaret,' meddai. 'Mae'r criw wedi'i hyfforddi'n dda.'

Roedd hynny'n siŵr o fod yn wir, ond pam yr oedd o'n osgoi edrych arna i? 'Ddylen ni aros amdanoch chi?' gofynnais.

Ysgydwodd ei ben.

'Ond fe fyddwch chi'n ymuno â ni i fyny yno?' holais.

'Ar unwaith,' meddai.

Ro'n i'n dal i deimlo'n betrus. 'Ddylwn i aros i lawr yma i'ch helpu chi? Mi allwn i –'

Ysgydwodd ei ben yn fwy pendant. Ochneidiodd Mrs Carstairs.

'O'r gorau, dowch yn eich blaen, Margie,' meddai. 'Gynta'n y byd yr awn ni i fyny, gynta'n y byd y cawn ni ddod yn ôl.'

Roedd Robert yn nodio, felly mi es i ati i roi'r tennyn ar Florence cyn mynd â hi i fyny.

'Un peth arall,' meddai Robert, ac estynnodd ei law allan i wneud yn siŵr fy mod i wedi cau'r gwregys achub yn iawn. Dywedodd wrtha i am fynd i gyfeiriad y Prif Risiau. Yna canodd cloch yn un o'r cabanau eraill, ac i ffwrdd â fo i lawr y coridor.

'Mae hyn yn hollol ynfyd,' meddai Mrs Carstairs, fel yr oedden ni'n dechrau dringo'r Prif Risiau, i ganlyn llu o deithwyr eraill. 'Ddylen ni ddim fod wedi cael ein codi o'n gwlâu fel hyn.'

'Ydi hyn wedi digwydd i chi o'r blaen?' holais. 'Rydach chi a Mr Carstairs wedi bod ar gymaint o deithiau.'

'Ganol nos?' meddai. ' Naddo wir! Rydw i'n meddwl fod y peth yn warthus, a dweud y gwir.'

Roedd y grisiau fel pe baen nhw'n gwyro rhywfodd, a fedrwn i ddim deall pam. Oedd yna rywbeth wedi torri ar y llong? Sut yn y byd y gallai hyn fod yn rhan o'r drefn arferol? Dechreuodd fy nghalon guro'n gyflym, ac ro'n i'n ei chael yn anodd llyncu.

Ar y cyfan, roedd y teithwyr eraill fel pe baen nhw'n meddwl fod hyn un ai'n gêm ddifyr, neu'n anhwylustod diflas. Doedd yna ddim rhedeg na gwthio, na chodi llais hyd yn oed. Roedd y rhan fwyaf un ai'n cellwair neu'n cwyno. Gwnaeth hynny i minnau ymlacio ychydig, a phenderfynu nad oedd 'na reswm digonol dros deimlo'n ofnus.

Pan aethon ni allan, roedd yr aer rhewllyd fel petai'n dal ar fy anadl i. Sut y gallai neb gredu y byddai'r llong yn cynnal dril pan oedd hi cyn oered â hyn? Byddai'r fath beth yn wirionedd llwyr. Mae'n rhaid fod rhywbeth mawr iawn o'i le.

'Pa mor fuan y cawn ni fynd yn ôl, tybed?' cwynodd Mrs Carstairs.

Mi allwn glywed rhywun arall yn dweud y tu ôl i ni, 'Mae hyn yn afresymol. Fe fydd cwmni'r White Star yn siŵr o glywed oddi wrtha i.'

Roedd y swyddogion a'r morwyr wrthi'n dad-orchuddio'r badau achub ac yn hyrddio'r canfasau o'r neilltu. Safai'r teithwyr mewn grwpiau bychain, yn gwylio hyn yn ddigon di-daro ac yn sgwrsio ym mysg ei gilydd. Roedd amryw o bobl wedi taro cotiau dros eu dillad nos, ac yn gwisgo sliperi am eu traed. Gan eu bod i gyd fel pe baen nhw'n disgwyl cael mynd yn ôl i mewn yn fuan, ro'n i'n cymryd mai fy niffyg profiad i oedd yn fy ngwneud i'n nerfus.

Ond os oedd hynny'n wir, pam roedd y dec fel petai'n gwyro ymlaen? Ddylai hynny ddim digwydd, does bosib. Ac eto, y *Titanic* oedd y llong orau a'r un fwyaf diogel i gael ei hadeiladu erioed, felly mae'n rhaid fod yna ryw eglurhad rhesymol.

Roedd y swyddogion yn galw am bobl i fynd ar y badau, ond heb gael fawr o ymateb. Roedd y *Titanic* mor

119

gynnes a diogel, gyda'i goleuadau llachar, a'r cefnfor tywyll yn ymddangos yn unig ac yn beryglus. Ar y pryd, roedd fel petai'n ddoethach aros ar fwrdd y llong.

Mi welais Capten Smith a'r cynllunydd Andrews yn mynd heibio, ac roedd wynebau'r ddau mor ddifynegiant nes peri i mi deimlo ias o ofn unwaith eto. Pe na bai problem, byddent yn siŵr o fod wedi dweud rhywbeth i'n calonogi ni, ac ni fyddai dim o'r tyndra yna i'w weld yn eu hwynebau. Credai Mrs Carstairs fod eu hagwedd ddigyffro'n awgrymu fod popeth yn iawn, ac roedd y rhan fwyaf o'r bobl o'n cwmpas yn cytuno â hi.

Ro'n i'n gobeithio y byddai Robert yn dod allan yn fuan. Roedd y lle mor dywyll ac mor llawn fel y byddai'n rhaid i mi gadw llygad barcud er mwyn dod o hyd iddo. Doedd yna'r un stiward caban i'w weld ar y dec ar y pryd, felly mae'n rhaid eu bod yn dal yn brysur.

Yn y cyfamser, roedd y swyddogion yn ymdrechu'n galed iawn i berswadio pobl i fyrddio'r badau. Gwnaeth ychydig o rai dewr hynny, a dilynodd eraill eu hesiampl. Ond prin bod y bad cyntaf yn hanner llawn. Doedd hynny ddim yn fy mhoeni i, gan fy mod i'n siŵr fod yna ddigonedd o fadau. Fe fydden ni i gyd yn cael ein cyfle.

Roedd peth wmbredd o stêm yn tasgu'n swnllyd allan o'r cyrn uwch ein pennau, ac mi deimlais ias o obaith, er bod y sŵn yn brifo fy nghlustiau i. Efallai eu bod yn paratoi i ail-danio'r peiriannau!

Dywedodd rhywun fod talpiau anferth o rew wedi syrthio wrth y starn, a bod rhai o deithwyr y trydydd dosbarth wedi dod i fyny yno i chwarae pêl-droed efo'r darnau. Crwydrodd ychydig o'r teithwyr dosbarth cyntaf i'r cyfeiriad hwnnw i wylio, ac i gasglu rhai o'r darnau rhew efallai.

Roedd Mrs Carstairs, un o'r rhai oedd wedi gwisgo yn y modd mwyaf anymarferol, yn crynu wrth fy ochr i. 'Alla i ddim dygymod â'r ffwlbri yma,' meddai. 'Rydw i am fynd i mewn i gynhesu.'

Deuai miwsig gwan o gyfeiriad y lolfa. Mae'n rhaid fod y band yn dal ati i chwarae. Er fy mod i'n gyndyn o wneud hynny, dechreuais ei ddilyn.

'Na, arhoswch chi allan yma, MJ,' meddai, 'fel y gallwch chi ddod i roi adroddiad o'r sefyllfa i mi.'

Felly mi arhosais i allan. Ro'n i ar yr ochr chwith i'r llong, ac roedd y swyddogion yn dweud drosodd a throsodd mai merched a phlant yn unig oedd i ddod ymlaen. Roedd y bad cyntaf yn dechrau llenwi'n araf, a'r ail yn cael ei ollwng i'r dec nesaf, fel ei bod yn haws mynd arno. Cafodd criw o ferched a phlant eu harwain i lawr y grisiau i'w gyfarfod. Roedden nhw'n ôl ar eu hunion bron, oherwydd bod ffenestri'r Dec Promenâd yn eu ffordd.

Roedd y teithwyr yn ddistaw iawn, ac yn aros yn ufudd i gael gwybod ble i fynd, a beth i'w wneud. Dynion y badau oedd yr unig rai i dorri ar y tawelwch, drwy weiddi gorchmynion fel, 'I lawr ag o!' a 'Rydan ni angen llongwr abl yn y fan yma!' a'r gri gyson, 'Merched a phlant yn gyntaf!'

Roedd gwyriad y dec yn dod yn fwyfwy amlwg i mi. Allwn i ddim meddwl am yr un eglurhad, os nad – ond allen ni ddim bod yn suddo, allen ni? Yn sydyn, roedd yna olau gwyn llachar a sŵn chwibanu rhyfedd, yn cael eu dilyn gan drwst ffrwydrad i fyny yn yr awyr. Parodd y sŵn i bawb wyro'u pennau, ac mi allwn i weld ofn ar wynebau a fu'n llawn hyder. Roedd fy nghalon i'n curo'n gyflymach fyth, a dechreuodd fy stumog i gorddi.

'Rocedi argyfwng,' sibrydodd rhywun.

Rocedi argyfwng?! Er ei fod yn ymddangos yn amhosibl, ni allai hynny ond golygu un peth.

Mi es i mewn ar unwaith i ddweud wrth Mrs Carstairs, a cheisio ei pherswadio i ddod allan. Do'n i'n cael fawr o lwyddiant, ond yna daeth Mr Hollings atom ac adleisio fy mhryderon i, a dychwelodd hithau, yn biwis ddigon, i'r Bwrdd Badau. Gafaelais yn nhennyn Florence a mynd i'w dilyn.

'Oes yna broblem o ddifri?' gofynnodd Mrs Carstairs i Mr Hollings.

Edrychodd o'i gwmpas, fel petai am wneud yn siŵr nad oedd neb arall yn gwrando, ac yna nodiodd yn araf. 'Mi glywais i fod y neges wedi dod oddi wrth Mr Ismay ei hun. Rhaid i chi chwilio am sedd, ar unwaith.'

Rheolwr-gyfarwyddwr cwmni'r White Star oedd Mr Ismay, ac roedd yntau'n un o'r teithwyr. Byddai ef, yn anad neb, yn gwybod pa mor ddrwg oedd y sefyllfa.

Agorodd Mrs Carstairs ei llygaid led y pen, a gadawodd i Mr Hollings ei harwain draw at Fad 8. Roedd rhai teithwyr eisoes yn y bad, a merched yn camu'n betrus i mewn. Gadawodd gwraig mewn oed i swyddog a morwr cryf ei helpu i fynd ar y bad gyda'i morwyn. Yna, yr un mor sydyn, daeth allan a mynd i sefyll wrth ochr boneddwr mewn oed oedd yn dal ar y dec, gan ddweud rhywbeth fel, 'Lle bynnag yr ewch chi, yr a' inna.' Ceisiodd ei gŵr, a'r dynion oedd yn sefyll gerllaw, ei darbwyllo, ond ni allai neb ei pherswadio i'w adael ar ôl. Oherwydd hynny, trodd y dynion at ei gŵr, ac awgrymu ei fod ef yn mynd ar y bad hefyd. Gwrthododd yntau, yn dawel a chwrtais, a'r peth nesaf welais i oedd y ddau yn gadael ac yn mynd i eistedd ar gadeiriau cynfas. Roedden nhw'n cydio dwylo'n dynn, ac yn edrych fel pe na baen nhw'n ymwybodol o neb na dim ond y naill a'r llall.

Roedden ni'n suddo. Roedden ni *yn* suddo go iawn. Roedd fy nghoesau i'n teimlo'n wan, a bu'n rhaid i mi lyncu fy mhoer yn galed er mwyn ceisio ymddangos mor ddigyffro a dewr â phawb arall.

Roedd y swyddogion yn dal i geisio llenwi Bad 8, ac erfyniodd Mr Hollings ar Mrs Carstairs dderbyn eu cyngor, a mynd ar y bad.

'W-wn i ddim,' meddai'n betrus. 'Mae mor ddychrynllyd o dywyll allan acw. Efallai y dylwn i –'

A oedd yna, mewn difri, amser i'w wastraffu yn mân drafod ar hyn o bryd? Wedi'r cyfan, roedd y neges wedi dod oddi wrth y Rheolwr-gyfarwyddwr ei hun, on'd oedd? 'Ewch i mewn i'r bad, Mrs Carstairs,' meddwn i'n swta.

Syllodd arna i, a golwg ddryslyd arni.

'Mrs Carstairs,' meddwn i wedyn, dan glensian fy nannedd. 'Ewch i –'

Cyn i mi allu gorffen fy mrawddeg, nodiodd yn gwta, ac i ffwrdd â hi i gyfeiriad y bad ac osgo wedi digio arni.

Roedd un o'r swyddogion yn dal i ailadrodd yr un geiriau, a hynny'n amyneddgar iawn, wrth iddo geisio cymell pobl i ddod ar y bad – 'Dyna chi, ma'am. I mewn â chi, ma'am. Merched a phlant yn unig, syr.'

Roedd gwŷr a meibion yn annog eu gwragedd a'u chwiorydd ymlaen, ac yn addo ymuno â nhw yn nes ymlaen. Er bod rhai o'r merched yn ufuddhau'n wylaidd, roedd eraill yn gwrthod symud. Mi welais i rai merched yn cael eu llusgo i'r bad, yn beichio crio, tra oedd eu gwŷr yn aros ar ôl, ac yn gwneud ymdrech i wenu.

Ac eto, doedd yna ddim teimlad o banig. Ro'n i'n ei chael yn anodd dweud a oedd hyn oherwydd nad oedd y mwyafrif eisiau credu fod yna berygl gwirioneddol, ynteu a oedd pawb y tu hwnt o ddewr. Ro'n i, fodd bynnag, yn mynd yn fwyfwy ofnus.

Pan oedd hi hanner y ffordd i mewn i'r bad, safodd Mrs Carstairs yn stond.

'Arhoswch! A' i 'run cam arall hebddi!' gwaeddodd.

Edrychodd Mr Hollings a'r swyddog agosaf yn ddisgwylgar arna i. Heb air, estynnais ddennyn Florence i Mrs Carstairs, a gafaelodd hithau ynddi a'i gwasgu'n dynn yn erbyn ei gwresgys achub.

'Arhoswch nes bod y boneddigesau eraill wedi byrddio, Margie,' meddai, dros ei hysgwydd. 'Dowch chitha wedyn, ac fe gawn ni gyfarfod yn nes ymlaen.'

Ro'n i wedi bod ar fin camu i mewn ar ei hôl, ac fe ddaru hynny fy mwrw i. Ddylwn i adael i'r lleill fynd yn gyntaf? Ac ystyried fy safle, efallai y byddai'n well i mi aros fy nhro. Efallai mai dyna'r peth iawn i'w wneud. P'un bynnag, do'n i'n bendant ddim eisiau gadael nes fy mod i wedi gweld Robert a gwneud yn siŵr ei fod ef yn ddiogel, hefyd.

'Dowch yn eich blaen!' meddai'r swyddog wrtha i, yn dechrau colli amynedd. 'Does yna ddim amser i'w wastraffu!'

Ysgydwais fy mhen a cherdded i ffwrdd, gan wneud fy ngorau i doddi i'r dyrfa. Rydw i'n credu i Mr Hollings geisio fy nilyn i, ond roedd hi'n hawdd ei osgoi gan fod cymaint o bobl yn heidio o gwmpas, a'r rocedi argyfwng yn dal i greu sŵn byddarol wrth ffrwydro.

Roedd yna ddigonedd o fadau eraill. Ro'n i am aros fy nhro.

Yn ddiweddarach

Mae ysgrifennu am hyn i gyd yn beth anodd iawn. Does dim geiriau all ddisgrifio'r oriau hynny. Alla i ddim dioddef siarad, na bwyta, na – yn fwy na dim – meddwl. Ac eto, beth alla i ei wneud ond meddwl?

Ar y pryd, rydw i'n cofio teimlo'n syfrdan, ac eto'n rhyfeddol o effro. Roedd y badau'n llenwi, a'r hyn a fu gynt yn wahanu diffwdan, gyda'i addewidion o gyfarfod yn fuan, bellach yn ffarwelio ysgytiol, dagreuol. Teithwyr dosbarth cyntaf oedd y rhan fwyaf o'r bobl ar y dec, ac ro'n i'n meddwl tybed ble'r oedd pawb arall. Mae'n debyg fod rhagor o fadau achub ar y bwrdd starn, neu rhyw fan cyfleus arall. Roedd cymaint o bobl yn aros i gael eu cludo i ddiogelwch. Tybed a oedd yna ddigon o fadau ar eu cyfer? Wyddwn i fawr ddim am drefniadau llong, ond ro'n i'n siŵr y bydden nhw wedi paratoi ar gyfer sefyllfa fel hon yn ôl yr arfer.

Fe wnaeth hynny i mi feddwl tybed pam yr oedd angen i ferched a phlant fynd yn gyntaf. Os oedd lle i bawb, dylai'r swyddogion lenwi'r badau heb unrhyw fath o ddethol. Mae'n rhaid fod rhywbeth yn digwydd nad oedden ni wedi cael gwybod amdano hyd yma.

Roedd nifer o deithwyr ac aelodau o'r criw yn gwylio goleuadau'r hyn oedd yn ymddangos fel llong gyfagos. Mae'n rhaid ei bod yn dod i'n hachub ni! Roedd y rocedi argyfwng wedi gwneud eu gwaith! Dyna pam yr oedd y swyddogion yn caniatáu i'r badau gael eu gollwng â seddau gwag ynddyn nhw. Roedden nhw'n gwybod y bydden ni i gyd yn cael ein hachub yn fuan. Ond, fel yr âi'r munudau heibio, doedd y goleuadau ddim fel pe baen nhw'n symud. Os rhywbeth, roedden nhw'n ymddangos ymhellach i ffwrdd. Erbyn hyn, roedd rhai pobl yn dweud mai dim ond sêr oedden nhw, neu Olau'r Gogledd efallai, ac nad oedd llong allan yno o gwbl. Oherwydd petai llong wrth ymyl, sut na fyddai wedi ymateb i'r rocedi argyfwng?

Roedd y band wedi dod allan ar y dec, ac wrthi'n chwarae alawon ysgafn, bywiog. Erbyn hynny, ro'n i mor ofnus fel bod fy meddwl i'n ddryslyd, a fedrwn i ddim canolbwyntio digon i wrando. Roedd y teimlad cyffredinol o ofn yn dechrau lledaenu, ac ro'n i'n teimlo fod yn rhaid i mi ddianc rhagddo. Ro'n i am fynd i chwilio am Robert, ac aros efo fo. Cerddais yn araf tuag at y grisiau cefn, yn groes i'r lli cynyddol o bobl a oedd ar eu ffordd allan dan glebran yn nerfus.

Roedd rhai pobl yn dal i oedi yn y cyntedd a'r

ystafelloedd cyffredin, ond roedd y rhan fwyaf o'r coridorau'n wag. Mi es i heibio i ddyn oedd yn gwisgo'r hyn allai fod yn ddillad cogydd, ac estynnais fy llaw allan i'w atal.

'Wyddoch chi ble do' i o hyd i'r stiwardiaid caban?' holais.

Rhythodd arna i. 'Mae'r cabanau wedi eu cloi, miss. Ewch yn ôl i'r Dec Badau!' Yna, heb aros i weld beth o'n i am ei wneud, aeth yn ei flaen.

Sylwais pa mor serth oedd ongl y llawr, a chyflymu fy nghamau. Roedd y llong yn suddo, ac roedd perygl y byddwn innau'n suddo i'w chanlyn pe bawn i'n oedi yma. Ro'n i am gael un golwg ar ein rhes cabanau ni cyn mynd yn ôl. Efallai fod Robert a'r lleill allan ar y Promenâd neu'n helpu ar y starn – roedd hi'n amhosibl dod o hyd i neb gan fod y llong mor anhygoel o fawr.

Er i mi chwilio pob coridor posibl ar Ddec C, welais i 'run enaid byw. Ai fi oedd yr unig un i lawr yma? A fyddai'r badau i gyd yn gadael hebdda i? Gan frwydro yn erbyn pwl sydyn o banig, ro'n i'n troi i frysio'n ôl i fyny'r grisiau cefn pan welais rywun mewn siaced wen ychydig bellter i ffwrdd. Robert! Roedd o'n eistedd ar y carped, ei gefn yn erbyn y wal, yn syllu'n ddigalon i'r gwagle. Er bod gwregys achub wrth ei ymyl, ni wnâi unrhyw symudiad i'w wisgo.

'Diolch byth fy mod i wedi dod o hyd i chi!' meddwn i. 'Lle ydach chi wedi bod?'

Syllodd yn syn arna i. 'Margaret, ro'n i'n meddwl eich bod chi wedi gadael! Be ydach chi'n ei wneud yn y fan yma?'

'Chwilio amdanoch chi,' meddwn i. 'Dowch yn eich blaen, dydi hi ddim yn ddiogel i lawr yma.'

Edrychodd arna i, a'i wyneb ifanc, annwyl fel un hen ŵr. 'Ewch yn ôl i fyny'r grisiau ar unwaith, da chi, Margaret. Ar y Bwrdd Badau mae'ch lle chi.'

Fy lle i. Fy lle i oherwydd mai merch o'n i, ynteu oherwydd fy mod i, drwy ddamwain yn unig, yn un o deithwyr y dosbarth cyntaf? Ai fy lle i oedd aros i wneud yn siŵr fod eraill yn byrddio'r badau o fy mlaen i? Neu a ddylai 'lle' fod y peth mwyaf amherthnasol yn y byd ar noson fel heno? Rhywfodd, nid oedd y pethau yr oeddwn i wedi eu derbyn gydol fy mywyd yn gwneud unrhyw synnwyr i mi bellach.

'Robert –' meddwn i.

'I ffwrdd â chi rŵan, a pheidiwch â phoeni amdana i,' meddai, gan edrych yn syth o'i flaen. 'Does yna ddim munud i'w golli.'

Ni fyddai dim – hyd yn oed yr ofn mawr oedd yn chwyddo oddi mewn i mi – wedi caniatáu i mi gerdded i ffwrdd a'i adael yno ar ei ben ei hun. Eisteddais yn ofalus wrth ei ochr. Roedd hi'n anodd cadw cydbwysedd gan fod y llawr mor anwastad.

'Lle mae'r stiwardiaid eraill?' holais, yn betrus.

Cododd ei ysgwyddau, gan ddal i edrych yn syth o'i flaen. 'Wedi mynd, am wn i. Efallai eu bod nhw'n cael llymaid bach i fagu plwc.'

'Wedi mynd am y badau eraill?' holais.

Y tro hwn, edrychodd arna i â'i lygaid hen ŵr.

'Pa fadau eraill?'

'Wel, does 'na ddim yn agos ddigon i bawb ar y Bwrdd Badau,' atebais. 'Felly ro'n i'n cymryd yn ganiataol fod –'

'Does 'na ddim rhagor o fadau,' meddai.

'Ond sut –' meddwn i, gan geisio gweithio allan beth oedd hynny'n ei olygu. 'Mae cymaint o bobl yn dal ar y llong. Sut maen nhw'n mynd i allu gadael yn ddiogel?' Ond mi wyddwn yr ateb cyn iddo ddweud gair; doedden nhw ddim yn mynd i allu gwneud hynny. Yn ôl pob tebyg, doeddwn innau ddim chwaith. Roedd hyd yn oed meddwl am y fath bosibilrwydd erchyll yn ormod i'w oddef, a bu'n rhaid i mi gau fy llygaid.

Roedd hi'n dawel iawn. Bob hyn a hyn, mi allwn glywed sŵn traed, neu wich metel yn rhywle, ond doedd dim rhuthr dŵr i'w glywed. Mae'n rhaid ein bod ni ychydig ddeciau'n uwch na'r gwaethaf ohono.

Anadlodd Robert yn ddwfn. 'Wyddoch chi be, dydach

chi ddim wedi dweud wrtha i faint ydi'ch oed chi, Margaret.'

'Mi fydda i'n bedair ar ddeg ym mis Hydref,' meddwn i. Ond do'n i ddim yn debygol o weld yr Hydref rŵan.

'Mi fyddwn i wedi bod yn ddwy ar bymtheg yn Awst,' meddai yntau.

Wedi bod? Duw a'n helpo ni.

Yna estynnodd Robert ei law allan. 'Newch chi adael i mi fynd â chi yn ôl i fyny'r grisiau rŵan?'

Gadewais iddo fy helpu i godi ar fy nhraed. 'Rydw i'n mynnu eich bod chi'n gwisgo'ch gwregys achub yn gyntaf, syr.'

Gwenodd Robert, er bod ei wefusau'n crynu. Ymbalfalodd am y gwregys, a'i gau am ei ganol. Rhoddais innau blwc i'r strap i wneud yn siŵr ei fod yn ddigon tyn – a lledodd ei wên.

'Dowch,' meddai, 'does dim amser i'w golli.'

Mi wyddwn y gallai fod yn rhy hwyr eisoes, ond Robert oedd yn iawn – byddai'n rhaid i ni roi cynnig arni. Roedd y grisiau mor gam erbyn hyn fel ein bod ni'n baglu ar draws ein gilydd, ond fe lwyddon ni i gyrraedd y dec o'r diwedd.

'Mi ffarwelia i â chi yma,' meddai. 'Ydach chi'n siŵr eich bod chi'n gwybod ble i fynd?'

Arhosais, a syllu'n syfrdan arno. 'Ffarwelio? Be ydach chi'n 'i feddwl? Mae'n rhaid i chi ddod efo fi!'

Yn hytrach na rhoi ateb, tynnodd un o amlenni'r White Star o'i boced, a chyfeiriad wedi'i ysgrifennu arno, a'i estyn i mi. 'Allwch chi bostio hwn i Mam? Rhag ofn na cha' i gyfle?'

Allwn i wneud dim ond syllu arno mewn arswyd.

'Peidiwch â dadlau, da chi, Margaret,' meddai. 'Ewch i chwilio am fad, gynted y gallwch chi. Os na 'newch chi hynny, fedrwn i byth fod yn dawel fy meddwl.'

Sefais yno fel penbwl, heb fod yn siŵr beth i'w ddweud na'i wneud.

'Plîs, Margaret,' meddai. 'Dydw i ddim eisiau gorfod poeni yn eich cylch chi.'

Meddyliais am y noson dywyll arall honno pan ddywedodd fy mrawd 'Plîs, Margaret', yr un mor daer. 'Beth amdanoch chi?' gofynnais. Mi allwn glywed y cryndod yn fy llais.

'Rhaid i mi fynd i chwilio am fy mêts,' meddai. 'Ar noson fel hon, mae'r criw yn aros efo'i gilydd.'

Roedd y dec yn gogwyddo cymaint erbyn hyn fel ei bod yn anodd cadw cydbwysedd, ac mi gydiais yn dynn yn ei fraich.

'Plîs, Margaret,' meddai wedyn, a'i lygaid yn syllu'n ddwys i'm llygaid i. 'Dydw i ddim eisiau gorfod erfyn arnoch chi.'

Er bod hynny'n peri i mi deimlo'n swp sâl, mi nodiais – a'i weld yn ymlacio.

'Diolch byth,' meddai. 'Mi fydda i'n dawel fy meddwl rŵan.' Rhoddodd ei law allan a chyffwrdd fy wyneb am eiliad. 'Fyddai ots ganddoch chi wneud un ffafr fach â fi?'

'Unrhyw beth,' meddwn i'n sydyn, gan obeithio ei fod am ofyn i mi aros yno efo fo.

Gwenodd arna i. 'Mi fyddwn i'n hoffi cofio fy mod i wedi cusanu merch ddel heno.'

Nodiais yn swil, a rhoddodd gusan fach i mi ar fy ngwefusau. Roedd hyn yn beth newydd i mi, a do'n i ddim yn siŵr a ddylwn i ymateb ai peidio.

'Ydach chi wedi cusanu bachgen o'r blaen?' holodd Robert yn garedig.

Ysgydwais fy mhen, mewn swildod. 'Naddo. Mae arna i ofn nad oedd hynna'n foddhaol iawn.'

Gwthiodd flewyn o wallt oddi ar fy wyneb.

'Felly, fe rown ni gynnig arall arni, ia?'

Y tro hwn, roedd ein cusan ni'n gynnes ac yn dyner.

Rhoddodd Robert ei freichiau amdana i a 'ngwasgu i ato, ac yna camodd yn ôl, a golwg wedi'i blesio arno. 'Mae'r ddawn ganddoch chi, Margaret,' meddai. 'Mae'n well i mi fynd i chwilio am fy mêts rŵan. Ydach chi'n addo mynd at y bad ar eich union?'

Nodiais, a'm llygaid yn llenwi â dagrau.

'Peidiwch â phoeni, cariad,' meddai. 'Mi fydda i'n iawn.' Cyffyrddodd â fy moch am y tro olaf, ac yna gadawodd cyn i mi allu ei atal.

I ble bynnag yr aeth – ble bynnag y mae – rydw i'n dymuno rhwydd hynt iddo.

Yn ddiweddarach eto

Ro'n i'n crio, ond mi ddychwelais i'r Bwrdd Badau. Gan fy mod i wedi addo, dyna oedd raid i mi ei wneud. Er bod peth wmbredd o deithwyr yn dal o gwmpas, y rhan fwyaf ohonynt yn ddynion, roedd y badau i gyd wedi mynd, yn ôl pob golwg. Aeth cryndod drwydda i wrth i mi sylweddoli fy mod wedi colli'r cyfle ac y byddai'n rhaid i mi bellach gymryd fy siawns i ganlyn y gweddill. Ddylwn i byth fod wedi caniatáu i Robert adael, gan y gallen ni'n dau fod wedi ceisio nofio i ddiogelwch efo'n gilydd. Ond – ro'n i wedi addo.

Gollyngais fy hun ar gadair gynfas i geisio dygymod â'r dynged anochel oedd yn fy wynebu i. Roedd blaen y llong bron i gyd o dan y dŵr, felly nid oedd fawr o amser i fynd. Daliai'r band ymlaen i chwarae â'r un urddas ag arfer, ac roedd gwrando ar y gerddoriaeth yn rhoi cysur mawr i mi. Meddyliais am eiliad y byddwn i'n mynd ati i ysgrifennu yn hwn, ond estyn am y copi o *Hamlet* wnes i, a bodio trwyddo.

'Margie-Jane!' meddai llais dwfn. 'Pam yr ydach chi'n

dal yma? Ro'n i'n siŵr eich bod chi a Mrs Carstairs wedi gadael ers meitin.'

Mr Prescott, a fu'n ciniawa efo ni sawl tro yn ystod y fordaith, oedd yno. Er nad o'n i prin yn ei adnabod, roedd hi mor braf gweld wyneb cyfarwydd.

'Fe adawodd hi'n gynharach,' meddwn i. 'Lle mae Mrs Prescott?'

Tynhaodd ei wefusau. Ro'n i'n difaru'n sobr i mi ofyn y cwestiwn o gwbwl.

'Mi fedrais ei pherswadio hi i adael o 'mlaen i,' meddai. 'Dowch i'r Promenâd efo fi, ar unwaith. Mi fyddwn ni mewn pryd, gyda lwc.'

Fe aethon ni i lawr yno nerth ein traed, ac mi welais nifer o ferched a phlant yn dringo ar draws pont wedi ei llunio o gadeiriau cynfas er mwyn cyrraedd bad achub. Yr oedd yna un ar ôl. Ro'n i'n teimlo y tu hwnt o hapus – ac eto'n llawn euogrwydd wrth feddwl am fynd ar ei fwrdd.

'Beth amdanoch chi a'r dynion –' meddwn i.

Torrodd Mr Prescott ar fy nhraws. 'Does yna ddim amser i fân siarad. Dowch ymlaen, da chi.' Yna cododd ei lais. 'Gadewch i ni fynd heibio, os gwelwch chi'n dda, foneddigion! Mae gen i ferch ifanc yn y fan yma!'

Symudodd y dynion o'r neilltu, heb feddwl dim amdanynt eu hunain. Does yna ddim digon o eiriau'n yr iaith i dalu teyrnged i'w dewrder a'u moesgarwch, ond wna i byth ei anghofio – dim ohono – tra bydda i byw.

Roedd Cyrnol Astor yno, yn helpu ei wraig ifanc i groesi'r bont beryglus o gadeiriau. Fe'i clywais yn gofyn a gâi aros efo hi, oherwydd ei chyflwr, ond gwrthododd y swyddog ei gais. Derbyniodd y Cyrnol hynny'n raslon, a gofynnodd am rif y bad, fel y gallai ddod o hyd iddi yn y bore. Yna, cerddodd i ffwrdd, a'i gi Kitty wrth ei sodlau.

Roedd gwraig yn ceisio mynd ar y bad efo'i phlant, ond rhwystrodd y swyddogion ei mab rhag ei dilyn a dweud wrtho am fynd yn ôl at y dynion. Protestiodd un ohonynt, y tad mae'n siŵr, gan ddweud nad oedd y bachgen ond tair ar ddeg oed. Gwgodd y pen swyddog, ond gadawodd iddo fynd heibio.

Cydiai gwraig arall yn dynn yn ei mab ifanc. Y munud nesaf, roedd y bachgen yn gwisgo het merch – dydw i ddim yn siŵr pwy roddodd honno ar ei ben, os nad Cyrnol Astor. Wedi hynny, cafodd hi a'i phlant fynd ar y bad heb i'r swyddogion wneud unrhyw sylw pellach. Ro'n i'n gobeithio ac yn gobeithio y byddai Robert yn cyrraedd. Gan nad oedd ond un ar bymtheg oed, efallai y bydden nhw'n ildio ac yn gadael iddo yntau ddod ar y bad.

Ond mi wyddwn yn fy nghalon na fydden nhw, na Robert, yn gwneud hynny.

'Brysiwch,' meddai Mr Prescott. 'Rhaid i ni beidio dal pethau'n ôl.'

Wyddwn i ddim beth i'w wneud, ond daeth awydd sydyn drosta i i roi fy mrechiau amdano.

'Rydach chi'n wir fonheddwr, syr,' meddwn i, 'ac yn glod i ni i gyd.'

Gwenodd, a gadael i'w law orffwyso'n dyner ar fy mhen am eiliad. 'Dowch rŵan, 'mechan i, mae'n bryd gadael. Byddwch yn ofalus.'

Y munud nesaf, ro'n i'n bustachu dros y cadeiriau ac yn baglu i mewn i'r bad achub. Mi fedrais fy sadio fy hun, a gwneud fy ffordd i ben blaen y bad. Fel yr o'n i'n eistedd, daeth y gorchymyn 'I lawr â fo'. Gollyngwyd fy mhen i o'r bad i ddechrau, ac yna'r pen arall, ac ymlaen â ni yn yr un dull herciog.

Y peth olaf welais i oedd Kitty – ac iddi ei hurddas ei hun – yn glynu'n glòs wrth ochr ei meistr.

Un fer iawn oedd y siwrnai i lawr oherwydd bod y *Titanic* mor isel yn y dŵr. Estynnodd un o'r ddau forwr a oedd ar y bad am gyllell er mwyn ein torri ni'n rhydd. Ond yna fe daron ni wyneb y dŵr, ac roedd hi'n bosibl bwrw'r rhaffau. Er bod golau llachar yn disgleirio drwy ffenestri'r llong, gallwn weld y dŵr yn codi'n ddiatal drwy Ddec C ac yn gwneud ei ffordd ar i fyny, yn gwbl ddi-ildio.

'Dduw mawr,' sibrydodd gwraig wrth fy ochr. 'Mae hi'n suddo o ddifri.'

O'n cwmpas ym mhobman, roedd taclau trymion yn

syrthio'n glatsh i'r cefnfor. Ar y dechrau, ro'n i'n ofni fod gweddill y teithwyr wedi mynd yn wallgof, ond yna sylweddolais y gellid defnyddio'r cadeiriau cynfas a'r darnau pren eraill fel cymorth nofio.

Nid oedd ond dau ddyn ar y bad, felly llithrodd morwr arall i lawr y rhaffau i ymuno â ni. Daeth sawl un arall i'w ddilyn, gan lanio'n drwsgl. Cafodd rhai merched eu taro i lawr a'u cleisio o ganlyniad i hynny.

Cythrodd y rhai a oedd mewn cyrraedd i'r rhwyfau amdanynt, a dechrau rhwyfo. Ro'n i'n rhy bell ymlaen i allu bod o unrhyw help, a ph'un bynnag, allwn i ddim tynnu fy llygaid oddi ar y llong hardd yn ei gwewyr olaf.

'Rhwyfwch â'ch holl nerth!' gwaeddodd un o'r dynion. 'Cyn i ni gael ein sugno o dan y dŵr!'

Fe rwyfon nhw un ffordd i ddechrau, ac yna newid cyfeiriad. Doedd yna neb mewn awdurdod, hyd y gwelwn i. Nofiodd dau ddyn – oedd wedi cymryd eu siawns drwy neidio oddi ar y llong – i'n cyfeiriad ni, gan chwifio'u breichiau'n wyllt. Cawsant eu halio ar y bwrdd, y ddau'n crynu wedi dim ond cyfnod byr yn y dŵr rhewllyd.

Er syndod i mi, yng nghanol hyn i gyd, gallwn glywed seiniau dewr fiolinau'n cael eu chwarae ar fwrdd y llong. Wrth i'r blaen ddechrau mynd o'r golwg yn llwyr, clywyd twrw anferth gwydrau'n malu'n deilchion a darnau metel yn dymchwel y tu mewn i'r llong. Roedd pobl yn neidio i'r dŵr o bob cyfeiriad, tra oedd eraill yn sgrialu am y starn mewn ymdrech wyllt ac ofer i'w hachub eu hunain.

Ni ddywedodd neb air. Fe allech chi daeru nad oedd neb yn anadlu hyd yn oed. Roedd erchylltra'r munudau olaf hynny'n ddychrynllyd i'w wylio, ond roedd hi'n amhosibl edrych draw. Ochneidiodd nifer o ferched wrth i gorn blaen y *Titanic* rwygo'n rhydd a thasgu i'r dŵr, ac yna cododd ei starn yn uwch i'r awyr.

Dydw i ddim yn siŵr ai'r ystafelloedd peiriannau oedd wedi ffrwydro, ynteu a oedd y llong wedi torri'n ei hanner – ond yng nghanol y trwst i gyd roedd y blaen wedi diflannu, a'r starn yn cael ei godi'n syth i fyny i'r awyr. Gallwn glywed sgrechiadau o hirbell wrth i bobl gael eu taflu i ffwrdd, neu ymdrechu i ddal gafael. Diffoddodd goleuadau'r llong yn sydyn, ac yna ail-gynnau am un eiliad cyn i ni gael ein hyrddio i dywyllwch dudew.

Roedd sŵn y metel yn malu, clecian a rhwygo'n ymddangos yn ddiderfyn. Arhosodd y starn i fyny felly, yn gysgod noeth yn erbyn y sêr, am funud neu ddau, er ei fod yn ymddangos fel awr i mi. Yna, yn osgeiddig urddasol, llithrodd yn araf o dan wyneb y cefnfor.

Roedd y *Titanic* wedi mynd.

Dydd Mawrth, Ebrill 16, 1912
Carpathia

Oherwydd mai'r rhan nesaf ydi'r un waethaf o'r cyfan, bu'n rhaid i mi roi'r gorau i ysgrifennu a dychwelyd at fy nyddiadur yng ngolau llym y dydd. Wedi i'r *Titanic* suddo, roedd sgrechiadau dychrynllyd y cannoedd oedd ar farw yn llenwi'r nos. Sgrechiadau gorffwyll, arswydus. Gan ein bod ni'n dal yn agos iawn i'r fan lle bu iddi suddo, gallwn glywed lleisiau unigol yn erfyn am help, yn galw am eu hanwyliaid, ac yn gweddïo am achubiaeth.

'Rhaid i ni fynd yn ôl,' meddai un wraig, a'i llais yn crynu. 'Mae'n rhaid i ni eu helpu nhw.'

'Allwn ni ddim!' gwaeddodd gwraig arall yn wyllt. 'Os gwnawn ni hynny, fe gollwn ninnau'n bywydau! All neb eu helpu bellach – mae'n rhaid i ni geisio ein hachub ein hunain!'

Rhoddodd pawb ei big i mewn, pob un â'i farn – ro'n i ar dân dros ddychwelyd – a bu ond y dim iddi â mynd yn wrthryfel. O'r diwedd, penderfynodd swyddog cyflenwi o'r enw Perkis fod yn rhaid i ni roi cynnig arni gan ein bod ni mor agos. Dywedodd mai ef oedd wrth y llyw, a bod yn rhaid i ni ufuddhau iddo. Felly dechreuodd ein bad ni rwyfo'n ôl, ac fe lwyddon ni i dynnu pump neu chwech o ddynion rhynllyd o'r dŵr. Ro'n i'n gweddïo bob tro y byddai Robert yn un ohonyn nhw, ond ni chafodd yr un o'r gweddïau ei hateb. Roedd un o'r dynion yn cydio'n dynn mewn potel o frandi. Taflodd y Swyddog Perkis hi dros ymyl y bad, gan fod y dyn yn amlwg yn feddw eisoes, a bod perygl iddo fynd yn afreolus.

Roedd y dynion a achubwyd yn wlyb hyd at eu crwyn, a'r holl ddŵr oedd wedi llifo i mewn i'r bad wrth i ni ymdrechu i'w tynnu i mewn yn gorchuddio f'esgidiau i'n llwyr. Roedd y rhan fwyaf o'r dynion mewn cyflwr gwael iawn, a chynigiais fy nghôt i'r un agosaf ata i. Gan ei fod yn rhy oer i allu ymateb, tynnais hi a cheisio ei lapio amdano gystal fyth ag y gallwn.

Ro'n i'n meddwl na fyddai'r sgrechiadau byth yn tewi. Byddai'r sŵn erchyll, annaearol wedi codi arswyd ar y Diafol ei hun. Ond dydw i ddim yn siŵr pa un oedd waethaf – y sgrechiadau eu hunain, ynteu'r modd y bu iddyn nhw bylu'n raddol. Rydw i'n credu fod ganddon ni ddigon o le yn y bad i geisio achub ychydig rhagor – ond roedden ni'n rhwyfo i gyfeiriad gwahanol erbyn hynny, a doedd dim modd cael perswâd ar y swyddog. Roedd dannedd y dynion a achubwyd yn clecian, a'r oerni wedi achosi i ambell un golli'i bwyll. Ar wahân i geisio eu cadw'n gynnes, ni wyddai neb beth arall i'w wneud.

Roedd hi fel y fagddu, heblaw am y sêr, ac nid oedd y Swyddog Perkis hyd yn oed i weld yn siŵr pa ffordd y dylen ni fynd. Hyd y gwn i, dim ond rhwyfo o gwmpas mewn cylchoedd yr oedden ni. Ymhen tipyn, clywsom sŵn chwiban o gyfeiriad bad arall, a dyna rwyfo tuag ato. Roedd swyddog o'r enw Lowe, oedd â rheolaeth ar y bad, eisiau clymu cymaint o fadau achub ag oedd bosibl gyda'i gilydd er mwyn diogelwch. Rydw i'n credu i dri bad arall ymateb i'w gais, a symudodd y Swyddog Lowe ei deithwyr i gyd i'n badau ni. Roedd yn fwriad ganddo ddychwelyd i'r fan lle y gwelson ni'r *Titanic* am y tro olaf, i geisio achub rhagor o bobl.

Bu'r badau'n drifftio'n ddiamcan tra oedden ni'n aros iddo ddychwelyd. Roedd nifer o blant, yn ogystal ag ychydig o fabanod, ar ein bad ni, a rhai ohonynt yn crio'n ysbeidiol. Doedd yna'r un dafn o lefrith ar gael i roi cysur iddyn nhw, wrth gwrs. Mi geisiais i helpu un wraig drwy siglo'i babi am sbel, i'w dawelu, ond ches i ddim llwyddiant, mwy na neb arall. Rhwng bod y babanod yn crio, rhai o'r merched yn cwyno o salwch môr, a'r dynion rhynllyd yn ffwndro – ac un ohonyn nhw'n feddw iawn, hefyd – roedd ein bad ni ymhell o fod yn un tawel.

Ar y cyfan, dydw i ddim yn cofio unrhyw sgwrsio. Efallai fod yna ryw gymaint, ond alla i'n fy myw gofio. Rydw i'n credu mai'r cyfan wnes i oedd eistedd yno mewn anobaith llwyr. Roedd dwy wraig wrth fy ymyl i yn crio, ond roedd y rhan fwyaf yn fud gan alar sioc – a'r oerni dychrynllyd. Os nad oeddech chi'n ddigon ffodus o fod yn rhwyfo, ffordd ardderchog o symud meddwl, nid oedd dim i'w wneud ond eistedd yn eich cwman a cheisio cadw'n gynnes. Rywdro yn ystod y cyfnod hwn, bu dau o'r dynion a dynnwyd ar fwrdd y bad farw. Wedi hynny, roedd ein bad ni cyn ddistawed â'r bedd.

Dychwelodd y Swyddog Lowe gyda dim ond pedwar yn rhagor – dieithriaid i gyd – ac yna dywedodd wrthym am ddechrau rhwyfo eto. Gwelodd un o'r morwyr gwch arall a phobl yn sefyll ynddo. Dywedodd mai un o'r cychod argyfwng ydoedd, a'i fod mewn perygl o droi drosodd. Gyda chefnogaeth y Swyddog Lowe, fe aethon ni ac un bad arall – Bad 12, os ydw i'n cofio'n iawn – draw yno ac fe lwyddon ni, rhyngom, i godi pob un o'r deunaw neu ugain dyn. Ond doedd Robert ddim yn un ohonyn nhw. Efallai ei fod ar fad achub arall, neu ei fod wedi llwyddo i ddal ei afael yn un o'r darnau coed a daflwyd i'r dŵr, neu . . . allwn i ddim wynebu'r posibilrwydd arall.

Erbyn hyn, roedd ein bad ni'n orlawn a'r dŵr yn cyrraedd fy mhengliniau. Mae'n siŵr y bydden ni wedi boddi oni bai fod y cefnfor mor llonydd.

Pan waeddodd un o'r teithwyr ei bod hi'n gweld llong, nid oedd yr un ohonom yn ei chredu. Dywedodd y dynion wrthi mai dim ond seren wib oedd hi yn ôl pob tebyg, neu'r wawr ar dorri efallai. Ond wrth i'r goleuadau ddod yn nes, fe sylweddolon ni mai llong oedd hi, a'i bod yn anelu i'n cyfeiriad ni!

Am y tro cyntaf, roedden ni i gyd yn teimlo ias o obaith. Roedd yr awyr yn goleuo, a'r llong yn dal i ddod tuag atom. Wrth i fore newydd wawrio, a'r awyr yn binc a glas golau, ro'n i wedi fy syfrdanu pan welais ein bod ni wedi ein hamgylchynu gan gadwyn o fynyddoedd rhew. Roedden nhw wedi bod yn hollol anweledig yn y tywyllwch, ond rŵan roedden nhw ym mhobman. O bethau mor ddinistriol, roedden nhw hefyd yn fawreddog, a bron yn hardd mewn rhyw ffordd ffiaidd.

Edrychodd un o'r merched ar ei horiawr, a chyhoeddi ei bod yn tynnu am bump o'r gloch y bore. Oherwydd fy mod i'n teimlo fel pe baen ni wedi bod ar y bad am fisoedd, ro'n i'n ei chael hi'n anodd credu mai dim ond ychydig oriau oedd wedi mynd heibio.

Daeth y llong achub yn ei blaen yn ofalus rhwng y mynyddoedd iâ. Bob hyn a hyn byddai'n aros i godi teithwyr oddi ar y badau. Rhwyfodd ein bad ni yn ddygn i'w chyfeiriad, ond roedd hi bron yn wyth o'r gloch arnom yn ei chyrraedd. Gallwn weld, wrth nesáu ati, mai'r *Carpathia* oedd enw ein gwaredwr ni.

Roedd ysgolion a slingiau lliain yn hongian dros ochr y llong i'n helpu i'w byrddio. Roedd llawer o bobl ar ein bad ni yn rhy wan i allu dringo, ond mi ddewisais i un o'r ysgolion. Pan o'n i ar gyrraedd y dec, estynnodd dyn mewn iwnifform ei law allan i'm helpu i. Tra oedd ef yn gofyn beth oedd fy enw i ac yn gwneud nodyn ohono, gwthiodd gwraig lond mẁg o ddiod boeth rhwng fy nwylo a rhoi blanced dros f'ysgwyddau. Dan wegian, symudais i'r ochr, allan o'r ffordd, fel y gallai eraill ddod ar y bwrdd.

Roedd llawer iawn o'r rhai a achubwyd yn aros wrth y rheiliau, yn chwilio am anwyliaid a ffrindiau. Gan fod ein bad ni ymysg y rhai olaf, mi wyddwn eu bod yn dechrau anobeithio. Roedd fy nghoesau'n crynu, ac eisteddais i lawr ar y dec gan sipian y ddiod boeth. Do'n i ddim yn gyfarwydd â'r blas, ond mi wyddwn oddi wrth yr arogl mai coffi oedd o. Efallai fod yna ychydig o frandi ynddo hefyd.

Penliniodd gwraig garedig yr olwg wrth fy ochr a chynnig mynd â fi i'r salŵn, er mwyn i mi gynhesu. Yno, estynnodd rhywun arall frechdan i mi, a chafodd fy mẁg ei ail lenwi. Ymhen tipyn, daeth meddyg i gael golwg arna i, a datgan fy mod i'n berffaith iach, ac yn eithriadol o lwcus. Do'n i ddim yn rhy siŵr o'r cyntaf, ond yn hollol sicr o'r ail.

Mae'n rhaid i mi ddweud fod comander y *Carpathia*, Capten Rostron, y tu hwnt o arwrol. A minnau wedi gweld y mynyddoedd iâ drosof fy hun, wn i ddim sut y gallodd wneud ei ffordd tuag atom heb i'w long gael ei dryllio. Unwaith yr oedd y badau i gyd wedi eu dadlwytho, llywiodd ei long i'r fan lle'r oedd y *Titanic* wedi suddo, er mwyn ceisio arbed rhagor o bobl. Ond ni

145

ddaeth o hyd i'r un, gwaetha'r modd, ac nid oedd fawr o weddillion y llong i'w gweld hyd yn oed.

Cyrhaeddodd llong arall, y *Californian*, bryd hynny, ac roedden nhw am ddal ymlaen i chwilio wedi i ni adael am Efrog Newydd.

Cyn i ni gychwyn, galwodd Capten Rostron bawb ynghyd i wasanaeth byr. Rhoddodd ef a rhyw ŵr parchedig air o ddiolch ar ran y tua 700 ohonom a achubwyd, ac yna'n harwain mewn gweddi er cof am y 1,500 a rhagor o bobl a gollodd eu bywydau.

Mil pum cant.

Cyn gynted ag yr o'n i'n teimlo'n gryfach, dechreuais chwilio o gwmpas i weld a oedd rhai o'm cydnabod wedi eu harbed. Roedd yno cyn lleied o ddynion, a ddois i ddim o hyd i Robert. Na Mr Prescott, na Mr Hollings, na Ralph Kittery, na'r un o'r lleill. Ni chafodd Cyrnol Astor ei arbed, na Mr Andrews na'r Capten Smith na Dr O'Loughlin na . . . ni allai fy meddwl ddygymod â'r erchylltra o golli'r holl bobl ardderchog.

Yn arbennig Robert, wrth gwrs. Ddylwn i byth fod wedi'i adael ar ei ben ei hun fel yna, waeth pa mor daer oedd o. Os oedd Robert yn ddigon dewr i wynebu'i dynged, siawns na allwn innau fod wedi gwneud hynny hefyd.

Rydw i'n credu mai criw y *Titanic* a ddioddefodd y colledion mwyaf. Stiwardiaid, cogyddion, peirianwyr, gweithwyr y swyddfa bost – hyd yn oed holl aelodau'r band – i gyd wedi trengi. Rydw i'n eu hedmygu gymaint! Pob un ohonyn nhw!

Bu'n llawer gwaeth ar deithwyr y trydydd dosbarth na'r gweddill ohonom, er bod nifer helaeth o deithwyr yr ail ddosbarth wedi marw, hefyd. Rydw i'n siŵr fod yna arwyr di-rif yn eu mysg, ond ni chawn byth wybod yr hanes gan fod cyn lleied o lygad-dystion yn fyw i'w adrodd.

Y prynhawn 'ma, pan o'n i'n eistedd ar y dec yn pendwmpian, mi glywais gyfarthiad cyfarwydd. Agorais fy llygaid i weld Florence yn plycio ar ei thennyn wrth iddi geisio tynnu Mrs Carstairs i 'nghyfeiriad i. Pan welodd Mrs Carstairs fi, roedd hi'n ymddangos yn falch iawn.

'Dyma beth ydi syrpréis dymunol!' meddai. 'Ro'n i mor bryderus yn eich cylch chi. Rŵan fy mod i wedi dod o hyd i chi, rhaid i chi ymuno â fi am weddill y fordaith.'

Ysgydwais fy mhen. Ro'n i'n rhy flinedig ac yn rhy ddigalon i allu wynebu hynny. 'Diolch i chi, ond mi fydda'n well gen i fod ar fy mhen fy hun ar hyn o bryd.'

Syllodd yn syfrdan arna i. 'Ond –'

'Mae Robert wedi marw,' meddwn i, a bu ond y dim i mi â beichio crio.

Nodiodd. Do'n i erioed wedi gweld y fath olwg ddifrifol ar ei hwyneb. 'Mae'n ddrwg gen i, 'mach i. Mi wn i pa mor hoff oeddach chi ohono fo.'

Nodiais, a thynnu fy llaw dros fy llygaid, gan ymdrechu i ddal y dagrau'n ôl. Er syndod i mi, llusgodd Mrs Carstairs gadair gynfas draw ataf – ar ei phen ei hun bach! – ac eistedd wrth fy ochr.

'Byddai fy Frederick i wedi marw, hefyd,' meddai. 'Efo Thomas Prescott, a'r lleill i gyd. Ac mi fyddwn i wedi bod ar y bad yna, yn credu y byddai'n berffaith saff.'

Roedden ni rŵan yn ddiogel ar long, wedi'n hamgylchynu â gwragedd gweddw. O, oedd, roedd hi'n lwcus iawn fod Mr Carstairs wedi methu dod ar y fordaith. Fe eisteddon ni mewn tawelwch, gan nad oedd fawr ddim i'w ddweud.

Gollyngais ochenaid fach. 'Diolch i chi,' meddwn i. 'Yn y trydydd dosbarth y dylwn i fod.' Ac mi fyddwn innau, bron yn sicr, wedi trengi yn y môr rhewllyd.

Nodiodd Mrs Carstairs. Rhoddodd Florence ar fy nglin, ac fe eisteddon ni yno efo'n gilydd heb yngan gair am weddill y prynhawn.

Dydd Mercher, Ebrill 17, 1912
Carpathia

Rydan ni i fod i gyrraedd Efrog Newydd nos yfory. Yn ystod y dyddiau diwethaf, dydw i wedi gwneud fawr mwy nag ysgrifennu a meddwl, a meddwl mwy fyth. Does arna i ddim eisiau bwyd, ac ychydig o gwsg ydw i wedi'i gael ar y cyfan.

Mae teithwyr y *Carpathia* wedi bod yn deimladwy ac yn garedig iawn. Maen nhw wedi rhoi dillad i'r rhai sydd heb ddim, ynghyd â brwsys dannedd a phethau angenrheidiol eraill. Mae rhai ohonyn nhw wedi ildio'u gwlâu hyd yn oed! Mi benderfynais y byddwn i'n fwy cyfforddus ar lawr y salŵn, neu allan ar y dec, ac mae'r llong wedi darparu rygiau a blancedi i'r rhai ohonom sy'n cysgu yn y mannau hynny, i geisio ein gwneud ni'n fwy cysurus.

Pan fu farw fy rhieni o fewn cyn lleied o amser i'w gilydd, ro'n i'n credu fod fy holl fyd wedi dod i ben. Allwn i ddim deall pam eu bod wedi marw, na sut y gallai bywyd fod mor greulon. A rŵan rydw i'n methu deall pam y ces i fy arbed, yn hytrach na channoedd o rai eraill.

A pham na fu i bob un bad achub ddychwelyd i helpu ein cyd-ddynion? Dydw i ddim yn credu y byddai ein bad

149

ni wedi mynd yn ôl chwaith, oni bai ein bod ni mor agos. Roedd pobl yn rhy ofnus, yn rhy ddryslyd, yn rhy awyddus i'w gwarchod eu hunain i feddwl am eraill. Ond roedd lle ar y bad. Roedd lle ar bob un o'r badau. Mae ofn yn swnio'n esgus tila. Roedden ni i gyd yn teimlo arswyd y noson honno. Mi wn i nad o'n i eisiau marw, ond do'n i ddim eisiau gadael eraill i'w tynged rhewllyd, diobaith chwaith.

Er, mae'n debyg mai dyna'r union beth wnes i drwy gymryd fy sedd ar Fad 4 yn y lle cyntaf. Mi drois fy ngefn ar Robert; gadael dieithriaid i wynebu'u tynged. Rydw i'n gobeithio y galla i ddod o hyd i ryw ffordd o allu deall hyn i gyd. Pam y digwyddodd, sut y gellid fod wedi ei rwystro, sut i wneud yn siŵr na fydd y fath beth yn digwydd byth eto.

Yn fwy na dim, rydw i'n gobeithio y galla i ddysgu maddau i mi fy hun am fod yn fyw pan mae cymaint o rai eraill wedi colli eu bywydau.

Dydd Iau, Ebrill 18, 1912
Efrog Newydd

Fe gyrhaeddon ni borthladd Efrog Newydd am 8.30, yng nghanol storm ffyrnig o fellt a tharanau. Roedd hynny'n ddigon addas, ac ystyried yr amgylchiadau. Roedd llongau llai yn ein hamgylchynu, a deuai amryw o'r fflachiadau llachar o gamerâu yn hytrach na'r mellt. Yna, wedi i ni angori, gallwn weld tyrfa anferth yn aros amdanom ar y pier.

Cyn i ni lanio, gwelais Mrs Carstairs yn dod tuag ata i. Roedd golwg braidd yn chwithig arni wrth iddi estyn un o'i bwndeli doleri arferol i mi.

'Dyma chi,' meddai. 'Ro'n i'n meddwl efallai y byddai arnoch chi angen hwn.'

Ysgydwais fy mhen. 'Na, dim diolch. Rydach chi eisoes wedi gwneud mwy i mi nag yr o'n i'n ei haeddu.'

'Cymerwch o. Dim ond cymun ydi o,' meddai, gan swnio'n ddiamynedd. 'Mae fy nghyfeiriad i yna hefyd, os byddwch chi angen rhywbeth.'

Petrusais, yna nodio'n araf a tharo'r arian yn fy mhoced. Ro'n i ar fin glanio mewn gwlad estron, heb unrhyw syniad beth oedd yn mynd i ddigwydd, nac i ble yr o'n i am fynd – ac roedd yr ychydig bunnoedd a fu gen i bellach ar waelod y môr.

'Fydd eich brawd yma i'ch cyfarfod chi?' holodd.

Tybed? 'Bydd,' meddwn yn ansicr. 'Mae popeth wedi'i drefnu.' Doedd hynny ddim yn wir, wrth gwrs, ond be oedd ots?

Nodiodd, ac yna edrychodd y ddwy ohonom ar ein gilydd.

'Nid ein lle ni ydi gwybod pam y cawson ni ein harbed,' meddai. 'Ceisiwch chi gofio hynny, Margaret.'

Ro'n i'n gobeithio'n fawr iawn fod hynny'n wir.

Roedd yr eiliau wedi eu gosod erbyn hynny, a'r grŵp cyntaf o deithwyr blinedig, mud yn gadael y llong. Pan ddaeth fy nhro i, dilynais y rhai oedd wedi mynd o 'mlaen, heb edrych i'r dde nac i'r chwith. Roedd pethau'n draed moch; pobl yn chwilio am eu hanwyliaid, a dynion y Wasg yn rhuthro o gwmpas efo'u padiau ysgrifennu, yn chwilio am stori. Mi anwybyddais i hyn i gyd. Yr unig beth o'n i ei eisiau oedd cael gadael y lanfa a chwilio am le tawel i eistedd. Roedd Mrs Carstairs wedi dod o hyd i'w mab-yng-nghyfraith, a chynigiodd hi fy nanfon i yn y car i'r orsaf neu i westy, ond gwrthod wnes i a'i sicrhau fy mod i'n iawn. Diolchais iddi unwaith eto, ysgydwodd fy llaw, ac yna plygais i roi cusan fach i Florence ar dop ei phen.

Dyna'r tro olaf i mi eu gweld.

Wedi iddynt adael, sefais ar fy mhen fy hun yng

nghanol y dyrfa wyllt, gan geisio peidio cynhyrfu. I ble ro'n i am fynd? Ro'n i mewn dinas ddieithr, heb fawr mwy na'r dillad yr o'n i'n eu gwisgo, ac ychydig ddoleri. Roedd cael cymaint o bobl yn heidio o 'nghwmpas yn fy nharfu i, ac fe gymerodd beth amser i mi gyrraedd cornel stryd dawel ar draws y ffordd. Ro'n i eisiau beichio crio, ond roedd gen i ofn tynnu sylw ataf fy hun.

Yn raddol, dechreuodd y dyrfa chwalu. Bob hyn a hyn, byddai rhywun yn aros ac yn gofyn yn eiddgar i mi a o'n i wedi bod ar y *Titanic*, ac mi fyddwn innau'n ysgwyd fy mhen. Roedd hi'n haws felly.

Ro'n i wedi gobeithio cymaint y byddai William yno, ond wyddwn i ddim ble i ddechrau chwilio amdano. Am a wyddwn i, roedd o'n meddwl fy mod i wedi trengi yn y môr. Efallai nad oedd hyd yn oed wedi derbyn y llythyr a anfonais o St Abernathy! Do'n i ddim eisiau gadael, rhag ofn ei fod o yno, ond efallai y dylwn fynd i chwilio am lety dros nos. Yna yfory byddai'n rhaid i mi geisio dod o hyd i ryw ffordd o gyrraedd Boston.

Dechreuais gerdded o gwmpas yn ara bach unwaith eto. Ro'n i wedi f'amgylchynu â dieithriaid, ac wedi fy llethu'n llwyr. Pe bawn i ond yn gallu cysgu am ychydig, efallai y byddwn i'n teimlo'n well ac yn gallu meddwl yn gliriach.

Wedi'r cyfan, nid hwn fyddai'r tro cyntaf i mi gysgu allan ar y stryd.

Mi es heibio i wraig a chanddi ddau fwndel mawr o ddillad; rhoddion yn ôl pob golwg. Gofynnodd i mi a o'n i angen help, ond ysgwyd fy mhen wnes i. Rydw i wedi derbyn llawer gormod o gardod yn ystod fy mywyd, a dydw i ddim yn dymuno gwneud hynny eto.

Byth bythoedd.

O'r diwedd, mi ddois o hyd i fainc wag, wrth ymyl y swyddfa longau. Dim ond eistedd yno wnes i i ddechrau, ond pan welais nad oedd neb yn cymryd sylw ohona i mi orweddais i lawr a chau fy llygaid.

Pan – os? – fyddai'r haul yn codi, efallai y byddwn i'n gwybod beth i'w wneud.

Ro'n i bron â chysgu pan deimlais rhywun yn eistedd wrth fy ochr, a llaw yn cyffwrdd f'ysgwydd. Agorais fy llygaid mewn arswyd – ac yna gwelais wyneb fy mrawd.

'Dyma chdi!' meddai William, a'i lygaid yn llenwi â dagrau. 'Ro'n i'n poeni f'enaid yn dy gylch di.'

Dechreuais innau grio hefyd, a'i gofleidio â'r ychydig nerth oedd gen i'n weddill. Rhoddodd William ei freichiau amdana i a gorffwysais fy mhen ar ei ysgwydd, heb hyd yn oed sylwi ei bod hi'n tywallt y glaw.

Ro'n i'n ddiogel o'r diwedd.

Dydd Gwener, Ebrill 19, 1912
Rhywle rhwng Boston ac Efrog Newydd

Wedi'r aduniad hapus, aeth William â fi i'r gwesty bach lle bu'n aros yn ystod y deuddydd diwethaf, gan obeithio a gweddïo y byddwn i'n cyrraedd yn fuan. Mynnai cwmni'r White Star fod fy enw i ar restr y rhai a achubwyd, ond gwyddai na fyddai'n credu hynny nes iddo fy ngweld wyneb yn wyneb.

Lapiodd fi'n glyd yn y gwely, a daeth â brechdan ham a chwpaned o de i mi. Syrthiais i gysgu cyn i mi allu gorffen y naill na'r llall, ac roedd hi bron yn ganol dydd arna i'n deffro. Unwaith yr oedd William yn siŵr fy mod i'n ddigon cryf i deithio, aethom draw i'r orsaf i ddal trên i Boston.

Ond cyn gwneud hynny, roedd yn rhaid postio llythyr Robert. Fedrwn i wneud dim ond gobeithio y byddai'n rhoi rhywfaint o gysur i'w fam druan.

Pan gyrhaeddodd ein trên ni, helpodd William fi i fynd arno, a rhoddodd ei gôt drosta i fel blanced. Do'n ddim wedi stopio crynu ers pan o'n i ar y bad achub, ond dydw i ddim yn siŵr ai'r oerni oedd yn gyfrifol am hynny.

'Mae'n wyrth dy fod ti wedi cyrraedd yma, Margaret,' meddai. 'Mi fydd popeth yn iawn rŵan. Rydw i am rentu ystafell fwy i ni, ac mi gei dithau ddechrau'r ysgol yn fuan gan fy mod i'n ennill cyflog. Dydw i ddim eisiau i ti orfod poeni byth eto.'

Dim ond nodio wnes i, a phwyso'n ei erbyn, yn rhy flinedig i ymateb.

Rydan ni ar ein ffordd erbyn hyn, a does gen i mo'r ynni i edrych allan drwy'r ffenestr hyd yn oed. Rydw i mor sobor o flinedig a digalon. Dydw i ddim yn teimlo awydd ysgrifennu ar hyn o bryd – ac efallai na wna i hynny byth eto.

Dydd Sadwrn, Ebrill 20, 1912
Charlestown, Massachusetts

Rydw i'n credu mai hwn fydd fy nghofnod olaf i. A dweud y gwir, dydw i ddim yn siŵr oes 'na rywbeth ar ôl i'w ddweud. Mae'r ystafell yn un braf iawn, ac fe allwn ni ei rhannu hi â chyrten dros dro, fel bod ganddon ni ystafell fach yr un. Mae William yn edrych yn ardderchog – yn dalach nag erioed, ac yn llawn hyder. Mae'n amlwg ei fod yn hapus iawn yma, ac rydw i'n gobeithio y galla innau fod yn hapus eto, rhyw ddiwrnod.

Y bore 'ma, ar ôl brecwast, eisteddodd William yn ôl a syllu arna i am rai munudau.

'Wyt ti'n barod i siarad am y peth?' gofynnodd.

Ysgydwais fy mhen.

'Iawn,' meddai, a thorri tafell arall o fara i mi.

Fe dreulion ni weddill y bore yn eistedd yn dawel ac yn sipian te. Doedd dim angen sgwrsio; roedd cael bod efo'n gilydd unwaith eto yn fwy na digon.

'William,' meddwn i o'r diwedd.

Edrychodd arna i ar draws y bwrdd.

'Fyddai ots mawr gen ti pe baen ni'n cael cath?' gofynnais.

Syllodd yn graff arna i am ennyd, ac yna gwenodd o glust i glust. 'Mi fedrwn ni gael dwy,' meddai.

A dyna ydan ni am ei wneud fory.

Efallai nad ydi hyn ond cam bach ymlaen, ond mae'n gam er hynny. Er bod rhan ohona i'n dymuno aros yn fy ngalar am byth, ni fyddai hynny'n gwneud iawn â'r holl aberth a wnaed ar fy rhan i. Tra bydda i byw, anghofia i mo'r dewrder anhygoel a ddangosodd Robert a chymaint o rai eraill. Does gen i ond gobeithio y galla i ddilyn eu hesiampl ragorol.

Rydw i'n gweddïo eu bod i gyd yn gorffwys yn dawel.

Epilog

Ni fu i Margaret Anne Brady erioed drafod ei mordaith ar y *Titanic* yn gyhoeddus – ac anaml y byddai'n crybwyll y trychineb yn breifat hyd yn oed. Drwy gydol ei bywyd, teimlai mai cadw tawelwch parchus oedd y ffordd orau o dalu teyrnged i'r rhai a gollwyd mewn modd mor enbydus. Ni fu iddi erioed faddau'n llwyr iddi ei hun am oroesi'r drasiedi chwaith.

Rhoddodd ganiatâd i William ddarllen ei dyddiadur, fodd bynnag, ac yna fe'i hanfonodd at y Chwaer Catherine. Dychwelodd hithau'r dyddiadur yn ddiweddarach, i'w gadw'n ddiogel. Gorffennodd Margaret ei haddysg uwchradd yn Boston, a chafodd ysgoloriaeth i Goleg Wellesley.

Cadwodd Margaret a'r Chwaer Catherine mewn cysylltiad, a pherswadiwyd y Chwaer Catherine i ymweld â Margaret yn yr Unol Daleithiau ar ddau achlysur. Yr unig dro y bu i Margaret ddychwelyd i Loegr oedd i angladd ei hoff athrawes yn 1962.

Bu Margaret hefyd yn gohebu'n gyson â Nora. Pan oedd Nora yn bedair ar bymtheg oed, ymfudodd hi a'i gŵr i'r Unol Daleithiau. Cafodd Margaret a hithau aduniad hapus, a setlodd Nora i lawr yn Pawtucket, Rhode Island.

Wedi'r ffarwelio yn Efrog Newydd, ysgrifennodd

Margaret a Mrs Carstairs at ei gilydd unwaith neu ddwy, ond ni fu iddynt gyfarfod byth wedyn.

Pan ymunodd America â'r Rhyfel Byd Cyntaf, gwirfoddolodd William i ymladd dros ei wlad newydd ar unwaith. Gwasanaethodd yn wrol nes iddo gael ei glwyfo'n ddifrifol yn ystod brwydr mewn ffosydd.

Gadawodd Margaret y coleg er mwyn gofalu amdano, a gweithiodd i gynnal y ddau. Er i William wella ar ôl peth amser, a chael swydd yn Adran Heddlu Boston, ni ddychwelodd Margaret i'r coleg. Ond daliodd ymlaen i ddarllen yn awchus, fodd bynnag.

Yn 1923 cyfarfu Margaret ag athro hanes ifanc o'r enw Stanley Ryan mewn siop lyfrau yn Cambridge. Priododd y ddau y mis Mehefin canlynol, a threulio'r 44 blynedd nesaf yn chwerthin ac yn dadlau â'i gilydd. Cawsant dri o blant: Dorothy, Harriet a . . . Robert. Treuliodd Margaret oriau maith yn gwneud gwaith gwirfoddol, gan helpu pobl ifanc difreintiedig yn ardal Boston, ac yn ddiweddarach bu'n cadw lloches i famau di-briod nes iddi ymddeol yn 1965.

Yn ystod ei bywyd, bu'n teithio'n gyson ar y trenau, ac ar awyrennau'n achlysurol – ond gwrthododd roi ei throed ar na llong na chwch byth wedyn. Er iddi dreulio'r holl flynyddoedd yn America, ni chollodd ei hacen Saesneg ond, er syndod iddi, daeth yn hoff iawn o goffi.

Bu farw'n dawel yn ei chwsg yn 1994, yn 95 oed.

Nodyn Hanesyddol

Trwy gydol y blynyddoedd, mae trasiedi'r *Titanic* wedi bod yn destun diddordeb a dyfalu diddiwedd i bobl dros y byd i gyd. Y *Titanic* oedd y llong fwyaf i gael ei hadeiladu erioed, ac roedd hi'n gymaint o ryfeddod technolegol fel bod hyd yn oed un cylchgrawn adeiladwyr llongau ceidwadol ei natur yn haeru ei bod yn 'gwbwl ansuddadwy'.

Yn ystod y blynyddoedd cyn y Rhyfel Byd Cyntaf, roedd hyder y cyhoedd yn Lloegr ac America yr uchaf erioed. Galwyd y cyfnod yr Oes Edwardaidd ar ôl y Brenin Edward VII. Ffynnai teimlad cyffredinol o hyder hunanfodlon. Mewn cyfnod optimistaidd fel hwn, y *Titanic*, gyda'i rhestr lewyrchus o deithwyr, oedd yr enghraifft orau erioed o gamp dynol.

Yn 1912, roedd y cyfoethogion a'r enwogion yn enwog yn bennaf *oherwydd* eu bod yn gyfoethog. Byddai digwyddiadau'r byd ffasiynol yn cael eu cofnodi'n fanwl iawn yn y papurau a'r cylchgronau, a châi'r bobl gyffredin fwynhad yn sgil yr adroddiadau hyn.

Roedd yna hefyd gyfundrefn ddosbarth gref iawn mewn grym. Anaml iawn y deuai aelodau'r dosbarth uchaf, y dosbarth canol, a'r werin i gysylltiad â'i gilydd, ac ni fyddent byth yn cymysgu'n gymdeithasol. Roedd y werin – y dosbarth gweithiol – yn 'gwybod eu lle', ac nid oedd cael eu hanwybyddu gan 'eu gwell' yn mennu dim arnynt. Yn yr un modd, edrychai aelodau'r dosbarth uchaf i lawr eu trwynau ar unrhyw un nad oedd ar yr un lefel â hwy yn ariannol ac yn gymdeithasol. Disgwylid i'r dosbarth uwch 'osod esiampl dda' i eraill, a châi'r syniad hwn mai'r 'bonedd a ddwg gyfrifoldeb' (*noblesse oblige*) ei dderbyn gan bawb. Mewn gwirionedd, roedd y mwyafrif llethol o bobl yn bodoli yn rhywle tua'r canol, ond y ddau begwn eithaf a gâi'r sylw mwyaf. Roedd y gred haearnaidd hon o wahaniaeth dosbarth yn llawer cryfach yn Lloegr nag yn America, ond roedd yn bodoli yno hefyd.

Trwy gydol blynyddoedd cynnar 1900, roedd technoleg a diwydiant yn ffynnu. Roedd y diwydiant llongau rhyngwladol yn faes arbennig o gystadleuol. Cyflymdra a chysur oedd y ddau ystyriaeth pennaf ar gyfer unrhyw long deithio. Oherwydd y peiriannau ager pwerus, gellid cwblhau taith a arferai gymryd misoedd mewn llai nag wythnos. O ganlyniad i hyn, roedd nifer o gwmnïau'n cystadlu â'i gilydd i geisio rheoli'r busnes. Y ddau mwyaf adnabyddus oedd cwmni'r Cunard a chwmni'r White Star, a gâi ei reoli gan y Llynges Fasnachol Ryngwladol (yr *International Mercantile Marine* neu'r *IMM*).

Yn 1907, mae'n debyg mai'r Cunard oedd y cwmni mwyaf llwyddiannus, gyda'i longau newydd trawiadol, y *Lusitania* a'r *Mauretania*. Penderfynodd J. Bruce Ismay a William James Pirrie, dau o brif weithredwyr yr IMM, wynebu'r sialens drwy adeiladu'r tair llong fwyaf yn y byd i gyd. Eu henwau fyddai yr *Olympic*, y *Titanic* a'r *Gigantic*. Comisiynwyd iard longau Harland & Wolff ym Melffast, Iwerddon, i wneud y gwaith. Lansiwyd yr *Olympic*, i sŵn ffanffer anferth, yn 1911, ac roedd y *Titanic* i hwylio ar ei mordaith gyntaf ymhen blwyddyn.

Bwriad cwmni'r White Star oedd cynnig mordeithiau wythnosol o Southampton, Lloegr, i Ddinas Efrog Newydd. Byddai'r llongau yn gyflym, yn ddibynadwy, ac yn cynnig profiadau hwylio arbennig o bleserus.

Roedd y *Titanic* ychydig dros 290 metr (882 troedfedd) o hyd a 30 metr (92.5 troedfedd) o led. Mae hyn cyhyd ag un rhan o dair o gilometr neu oddeutu un rhan o chwech o filltir! Roedd hi dros 30 metr (100 troedfedd) o uchder, sy'n cyfateb i adeilad 11 llawr. Roedd ganddi naw dec a thri propelor, ac roedd hi'n pwyso mwy na 45,000 tunnell. Ymestynnai'r deciau o'r Bwrdd Badau yr holl ffordd i lawr i'r ystafelloedd boeleri yng nghrombil y llong. Cawsai ei chyflenwi ag 20 o fadau achub, nifer uwch na gofynion y dydd, er mor annigonol oedd hynny. Yn fwy trawiadol fyth, roedd yng ngorff y llong 16 o adrannau digyswllt y gellid eu cau fesul un dim ond wrth gyffwrdd switsh. Roedd hyn yn gwneud y llong yn eithriadol o ddiogel.

Roedd iddi sawl nodwedd na welwyd erioed ar long deithio, yn cynnwys pwll nofio, baddonau ager, cwrt sboncen, campfa, nifer o dai bwyta a lifftiau hyd yn oed! Roedd adran yr ail ddosbarth yn cymharu ag un y dosbarth cyntaf ar longau eraill, a'r cyfleusterau yn adran y trydydd dosbarth, neu'r *steerage*, yn anarferol o ddymunol.

Fel Llong Bost Frenhinol (*Royal Mail Steamer* neu *RMS*), roedd y *Titanic* yn amlwg yn cario sachau dirifedi o lythyrau a chardiau post. Cynhwysai ei chargo 40 tunnell o datws, 34,000 cilogram (75,000 pwys) o gig ffres, 2,700 litr (600 galwyn) o laeth cyddwys, 15,000 o boteli cwrw, pum piano cyngerdd, peiriant gwneud marmalêd, a 12 cist o blu estrys.

Roedd gan y *Titanic* hefyd griw o tua 900 (er na chafodd llawer o'r rhifau hyn erioed eu cadarnhau). Rhennid y criw i dri dosbarth: y criw dec, y peirianwyr, a'r criw arlwyo. Cynhwysai'r gweithwyr hyn y Pyrser, neu'r Prif Stiward, y dynion radio yn yr ystafell Marconi, stiwardiaid yr ystafelloedd cyhoeddus a'r ystafelloedd gwely, gweithwyr y swyddfa bost, cogyddion, pobyddion, dynion tân, peirianwyr, stiwardesau ac, wrth gwrs, wyth aelod y band.

Roedd enwau amryw o enwogion ar restr y teithwyr,

yn cynnwys John Jacob Astor, un o'r dynion cyfoethocaf yn y byd, a'i ail wraig. Ymysg teithwyr adnabyddus eraill roedd J. Bruce Ismay, Rheolwr-gyfarwyddwr cwmni'r White Star; Thomas Andrews, Harland & Wolff, cynllunydd y llong; Mrs J. J. Brown, a gâi ei hadnabod fel 'the Unsinkable Molly Brown'; Isidor Straus, a sefydlodd y siop adrannol enwog Macy's yn Efrog Newydd, a'i wraig; a'r Uwchgapten Archibald Butt, prif gynorthwywr milwrol arlywydd America.

O'r tua 1,320 o deithwyr, nid oedd y mwyafrif yn enwog o gwbl, wrth gwrs. Tra oedd y dosbarth cyntaf yn cynnwys pobl dda eu byd, ynghyd â'u morynion a'u gweision, roedd teithwyr yr ail a'r trydydd dosbarth yn fwy confensiynol. Ar y cyfan, pobl broffesiynol llwyddiannus oedd teithwyr yr ail ddosbarth, yn cynnwys athrawon, teuluoedd dosbarth canol a dynion busnes. Mewnfudwyr oedd mwyafrif teithwyr y trydydd dosbarth, ar eu ffordd i America i gychwyn bywyd newydd. Gwyddelod neu Eidalwyr oedd llawer ohonynt, ond roedd yno rai o genhedloedd eraill hefyd.

Am hanner dydd ar Ebrill 10, 1912, paratôdd y *Titanic* i hwylio dan awdurdod y Capten Edward J. Smith. Capten Smith oedd y mwyaf poblogaidd o holl swyddogion cwmni'r White Star, a châi ei adnabod gan amlaf fel 'EJ'. Roedd Capten Smith yn bwriadu ymddeol ar ôl cwblhau taith gyntaf y *Titanic*.

Cafwyd cychwyn anffodus i'r daith. Wrth iddi gael ei halio o'i hangorfa yn Southampton gan fadau tynnu, bu ond y dim i'r *Titanic* daro yn erbyn llong lai, y *New York*. Bu tro sydyn ar y llyw gan Capten Smith, ynghyd ag ymyriad buan y bad tynnu *Vulcan*, yn gymorth i osgoi gwrthdrawiad peryglus.

Ar waethaf yr anffawd hwn, roedd yr ymadawiad yn un hapus, a miloedd o bobl wedi ymgynnull ar y cei i ffarwelio â'r llong. Y noson honno, glaniodd yn Cherbourg, Ffrainc, i godi rhagor o deithwyr. Yna hwyliodd y *Titanic* am Queenstown, Iwerddon, ei saib olaf cyn iddi fynd ymlaen am Ddinas Efrog Newydd. Erbyn hyn, roedd tua 2,200 o deithwyr ac aelodau'r criw ar ei bwrdd.

Ar ddydd Iau, Ebrill 11, anelodd y *Titanic* o'r diwedd am y môr agored. Roedd y tywydd yn ardderchog, os yn oer, yr awyrgylch ar fwrdd y llong yn hwyliog a chartrefol, a dyddiau cyntaf y fordaith yn ddigon digynnwrf. Treuliodd y teithwyr y rhan fwyaf o'u hamser yn gwledda, yn ymlacio, ac yn archwilio'r llong.

Yna, nos Sul, Ebrill 14, 1912, digwyddodd trychineb. Roedd y môr yn arbennig o dawel, ond cyn iddo noswylio gorchmynnodd Capten Smith i'r Prif Swyddog Murdoch fod ar ei wyliadwriaeth am rew a'i siarsio i'w rybuddio ef ar unwaith petai rhywbeth yn digwydd.

Am 11.40 yr hwyr, gwelodd y Gwyliwr Frederick Fleet

fynydd rhew anferth yn codi o'r gwagle. Rhybuddiodd y swyddogion a oedd ar y bont lywio yn ddiymdroi. Heb ddim ond 30 eiliad i ddod i benderfyniad, rhoddodd y Swyddog Murdoch orchymyn 'reit i'r dde!' a cheisiodd lywio o'r ffordd, ond crafodd ochr dde'r *Titanic* yn galed yn erbyn y mynydd rhew. Rhwygodd metel, ffrwydrodd rhybedion, a dechreuodd y dŵr ruthro drwy gorff y llong. Bu'r gilergyd yn un farwol.

Brysiodd Capten Smith i'r bont lywio ar unwaith a galwodd ar y cynllunydd Thomas Andrews i fynd gydag ef i archwilio'r difrod. Daeth Andrews i'r casgliad sydyn – a thrasig – y byddai'r *Titanic* yn suddo o fewn y ddwyawr nesaf.

Yn y cyfamser, nid oedd mwyafrif y teithwyr na'r criw yn ymwybodol o ddifrifoldeb y sefyllfa. Roedd amryw wedi sylwi ar ryw fymryn o 'hergwd' neu 'ysgytiad' neu 'rygniad', a chafodd ambell un ei ddeffro o gwsg trwm hyd yn oed. Ond gan eu bod yn cymryd yn ganiataol fod y *Titanic* yn ansuddadwy, nid oedd fawr neb yn pryderu'n ormodol.

Tua hanner nos, rhoddodd Capten Smith orchymyn i baratoi'r badau achub a rhoi'r flaenoriaeth i'r merched a'r plant. Roedd dros 2,200 o bobl ar fwrdd y llong, ac ni allai'r badau achub ond cario 1,178 ar y gorau. Gwnaeth Capten Smith a'r criw eu gorau glas i geisio celu'r wybodaeth hon, rhag achosi panig. Er mwyn ceisio cadw ysbryd y teithwyr yn uchel, dechreuodd y band chwarae, dan arweiniad Wallace Hartley. Yn gwbl ddi-hid o'u diogelwch eu hunain, daliasant ymlaen i chwarae ar y Bwrdd Badau hyd at y diwedd un.

Roedd y dynion radio Phillips a Bride wrthi'n brysur yn anfon rhybuddion argyfwng 'CQD' ac 'SOS' allan. Cafwyd ymateb gan nifer o longau, er bod y rhan fwyaf ohonynt yn rhy bell i ffwrdd i allu helpu. Brysiodd y *Carpathia*, a oedd tua 58 milltir i ffwrdd, i'w cynorthwyo, ond byddai'n cymryd oriau lawer iddi gyrraedd. Efallai fod a wnelo elfen fwyaf dadleuol y trychineb â'r llong y *Californian*. Mae'n bosibl nad oedd ond tua phedair neu bum milltir i ffwrdd, er nad oes neb wedi gallu profi hynny i sicrwydd. Oherwydd bod ei dyn radio wedi mynd i'r gwely, ni dderbyniodd y galwadau argyfwng – ac ni fu iddi ymateb chwaith i'r rocedi argyfwng a daniwyd i'r awyr.

Drwy gydol y nos, bu teithwyr ac aelodau criw y *Titanic* – gyda rhai eithriadau prin – yn neilltuol o ddewr yn wyneb perygl. Safodd y dynion yn ôl yn reddfol, gan aberthu eu bywydau er mwyn achub y merched a'r plant. Mewn rhai achosion, arhosodd y gwragedd ar ôl gyda'u gwŷr, yn esiampl wrol o'r llw priodas 'hyd nes y gwahenir ni drwy angau'. Ceir sawl stori ddi-sail am swyddogion yn tanio gynnau er mwyn cadw teithwyr gorffwyll dan reolaeth, a dynion yn gwisgo fel merched er mwyn sleifio ar y badau – ond nid oes modd gwybod beth yn union a ddigwyddodd. Cymerodd Bruce Ismay, Rheolwr-gyfarwyddwr cwmni'r White Star, ei le ar un o'r badau olaf, a chafodd yr enw o fod yn llwfrgi am weddill ei oes.

Wedi i'r badau olaf adael, roedd tua 1,500 o bobl yn dal ar fwrdd y *Titanic* – bron i gyd wedi eu tynghedu i farwolaeth. Roedd y blaen yn gyfan gwbl o dan ddŵr, a'r llong yn suddo'n gyflym. Dywedodd Capten Smith wrth ei griw eu bod wedi ymddwyn yn arwrol, ac mai 'pob dyn drosto'i hun' oedd hi o hyn ymlaen. Ni welwyd mohono byth wedyn. Yn ystod hyn oll, daliodd y band ymlaen i chwarae. Un o elfennau mwyaf nodedig y drasiedi yw eu hymlyniad anhunanol hwy wrth ddyletswydd.

Oddeutu 2.15 y bore, torrodd y llong yn ei hanner a llithrodd y blaen o dan y dŵr. Yn araf, dechreuodd starn y llong godi i'r awyr. Rhwygodd y corn blaen i ffwrdd a syrthio'n glec i'r dŵr, gan daro nifer o bobl oedd yn ceisio nofio ymaith. Safodd y starn i fyny yn yr awyr, nes ei fod bron yn unionsyth, ac yna diflannodd hwnnw hefyd o dan wyneb y dŵr.

Er bod lle i ragor o bobl ar y rhan fwyaf o'r badau, dim ond un bad aeth yn ôl i chwilio am rai a oedd yn dal yn fyw. Ni ddaeth o hyd ond i bedwar o bobl, a bu un ohonynt hwy farw'n ddiweddarach.

Oddeutu 4.30 y bore, cyrhaeddodd y *Carpathia*, wedi taith fentrus drwy feysydd iâ peryglus. Dangosodd ei chomander, Capten Rostron, allu morwrol rhyfeddol ac urddas o dan bwysau. Daethpwyd â'r rhai a achubwyd ar fwrdd y llong, a hwyliodd y *Carpathia* am Ddinas Efrog Newydd. Arbedwyd ychydig dros 700 o bobl, ond collwyd dros 1,500.

Roedd y noson y bu i'r *Titanic* suddo yn un o dywyllwch a gwroldeb, urddas ac anobaith. Gwelwyd dynoliaeth ar ei orau oll – gyda'r canlyniad gwaethaf un. Dyma noson na chaiff byth ei hanghofio.

Dengys yr hysbyseb hwn gan Gwmni'r White Star, oedd piau'r Titanic, fod y fordaith yn cynnwys taith yn ôl o Efrog Newydd ar Ebrill 20, 1912.

Tref y dosbarth gweithiol oedd Southampton, man cychwyn y Titanic, yn debyg iawn i ddwyrain Llundain. Efallai fod y plant a welir yma, neu eu rhieni, yn gweithio yn yr iardiau llongau, neu ar y llongau. Er bod llawer wedi cael ei ddweud am deithwyr cyfoethog y Titanic, roedd amryw o deuluoedd y dosbarth gweithiol o Loegr, Iwerddon, a gwledydd Ewropeaidd eraill, wedi byrddio'r Titanic hefyd, yn y gobaith o ganfod gwell byd yn America.

Lansiwyd y Titanic yn nociau Southampton. Hi oedd llong fwyaf a chrandiaf ei dydd, yn mesur 290 metr (882 troedfedd) o'i blaen i'w starn, ac wedi'i haddurno â'r dodrefn a'r defnyddiau ceinaf. Hyd yn oed mewn dinas lle'r oedd pobl yn hen gyfarwydd â gweld llongau mawr, roedd taith gyntaf y Titanic yn ddigwyddiad cyffrous, a safai teuluoedd yn rhesi ar y doc i'w gweld yn hwylio.

Bu ond y dim i'r Titanic daro yn erbyn llong arall, y New York, eiliadau ar ôl iddi adael doc Southampton. Hwn oedd yr arwydd cyntaf nad oedd pethau'n argoeli'n dda ar gyfer y fordaith. Mae'r bad tynnu yn arwain y New York o lwybr y Titanic.

172

Y Capten Edward John Smith oedd comander y Titanic. Bwriadai i hon fod y fordaith olaf cyn iddo ymddeol wedi gyrfa o 38 mlynedd fel capten, a hynny â record berffaith. Yn eironig, hon oedd ei fordaith olaf, oherwydd aeth y capten i lawr gyda'i long.

Teithwyr yr ail ddosbarth yn mynd am dro ar hyd y dec promenâd. Roedd promenâd y dosbarth cyntaf wedi'i neilltuo y tu ôl i'r teithwyr hyn, i gyfeiriad blaen y llong, a phromenâd teithwyr y trydydd dosbarth yng nghefn y llong. Yn ôl arfer y cyfnod, cedwid teithwyr pob dosbarth ar wahân.

Y Prif Risiau, wedi'i addurno â bwa gwydr uwchben, oedd yn dynodi'r fynedfa i adran y dosbarth cyntaf.

Roedd prydau bwyd ar y llong yn achlysuron arbennig, a theithwyr y dosbarth cyntaf â dewis helaeth o fannau bwyta – o'r caffi ffwrdd-â-hi, ffefryn y teithwyr ieuengaf, i'r ystafell fwyta fwy ffurfiol a welir uchod.

Roedd y fwydlen arferol yn cynnwys nifer helaeth o gyrsiau. Dyma'r pryd canol dydd olaf i gael ei weini i'r dosbarth cyntaf cyn y trychineb.

R.M.S. "TITANIC"

APRIL 14, 1912.

LUNCHEON.

CONSOMMÉ FERMIER   COCKIE LEEKIE

FILLETS OF BRILL

EGG À L'ARGENTEUIL

CHICKEN À LA MARYLAND

CORNED BEEF, VEGETABLES, DUMPLINGS

FROM THE GRILL.

GRILLED MUTTON CHOPS

MASHED, FRIED & BAKED JACKET POTATOES

CUSTARD PUDDING

APPLE MERINGUE   PASTRY

BUFFET.

SALMON MAYONNAISE   POTTED SHRIMPS

NORWEGIAN ANCHOVIES   SOUSED HERRINGS

PLAIN & SMOKED SARDINES

ROAST BEEF

ROUND OF SPICED BEEF

VEAL & HAM PIE

VIRGINIA & CUMBERLAND HAM

BOLOGNA SAUSAGE   BRAWN

GALANTINE OF CHICKEN

CORNED OX TONGUE

LETTUCE   BEETROOT   TOMATOES

CHEESE.

CHESHIRE, STILTON, GORGONZOLA, EDAM,
CAMEMBERT, ROQUEFORT, ST. IVEL.
CHEDDAR

Iced draught Munich Lager Beer 3d. & 6d. a Tankard.

Roedd ystafell wely'r dosbarth cyntaf yn cynnwys gwely, soffa, cwpwrdd dillad, bwrdd gwisgo a basn ymolchi, er bod rhai yn gorfod rhannu ystafell ymolchi. Roedd yno hefyd gabanau preifat, ac iddynt ystafell eistedd ar wahân. Rhannai'r ychydig blant a deithiai yn y dosbarth cyntaf ystafelloedd gyda'u rhieni. Yn ystafelloedd gwely'r trydydd dosbarth, cysgai'r plant mewn gwlâu bync.

Cynigiai'r ystafell ddarllen ac ysgrifennu ar Ddec A le i deithwyr ddarllen, chwarae cardiau neu ysgrifennu llythyrau. Byddai plant yn cyfarfod eu ffrindiau yma neu'n chwarae gêmau allan ar y dec.

176

Un o'r mannau mwyaf arbennig ar y llong oedd y gampfa, oedd yn cynnwys un o'r beiciau ymarfer cyntaf.

Adrannau byw gweithwyr y swyddfa bost (a ddarlunnir yma) ac aelodau eraill o'r criw oedd y rhai lleiaf moethus. Roedd eu rhai hwy ar y deciau isaf, sy'n egluro'n rhannol pam yr oedd cyfradd y marwolaethau yn uwch ymysg criw'r llong.

177

Câi telegramau eu hanfon a'u derbyn gan weithwyr ystafell radio'r Titanic
*(a ddangosir yma). Gelwir yr ystafelloedd radio ar longau yn ystafelloedd
Marconi gan amlaf, ar ôl Guglielmo Marconi, y gŵr a gynhyrchodd y
cyfarpar telegraff.*

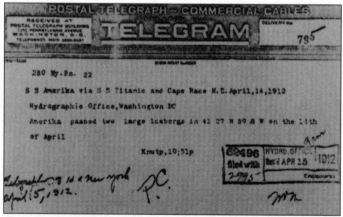

*Am 1.45 y prynhawn, Ebrill 14, 1912, anfonodd llong o'r Almaen, yr Amerika,
delegram at y* Titanic *yn ei rhybuddio fod rhew ar ei llwybr. Anfonodd sawl
llong arall rybuddion hefyd. Ni roddwyd gormod o bwys ar y rhybuddion
hyn, gan fod rhew yn gyffredin yn y rhan honno o'r cefnfor.*

Mae'r darlun dramatig hwn yn dangos badau achub yn cael eu gostwng i'r dŵr. Yn anffodus, roedd nifer helaeth o'r teithwyr heb fod yn ymwybodol o'r perygl enbyd, felly roedd amryw o'r badau'n hanner gwag.

Pan gyrhaeddodd y llongau eraill y fan lle digwyddodd y ddamwain, tynnodd rhai o'r teithwyr luniau o'r mynydd rhew a oedd, yn eu tyb hwy, wedi achosi'r trychineb. Roedd y rhwbiad o baent coch ar hyd gwaelod y mynydd rhew hwn yn eu harwain i gredu ei fod wedi cael ei daro'n ddiweddar.

Nid oes yr un ffotograff ar gael o'r Titanic wrth iddi suddo. Cafwyd darluniau o'r digwyddiad gan sawl arlunydd, wedi eu seilio ar adroddiad llygad-dystion. Hwn yw un o'r rhai mwyaf enwog, o waith Ken Marschall.

Tynnwyd llun un o bedwar bad plyg y Titanic *gan deithiwr ar y* Carpathia, *y llong gyntaf i gyrraedd y fan.*

Rhai o'r teithwyr a achubwyd, yn dal yn eu gwisgoedd ffurfiol, yn adennill eu nerth ar fwrdd y Carpathia.

181

Dyma un o'r ychydig luniau camera a dynnwyd o deithwyr y trydydd dosbarth a gafodd eu harbed.

Yn ôl yr adroddiadau cynnar, roedd y Titanic wedi cael niwed, ond byddai'n cyrraedd Efrog Newydd fel y bwriadwyd. Mae'r pennawd papur newydd hwn yn datgelu'r gwirionedd erchyll.

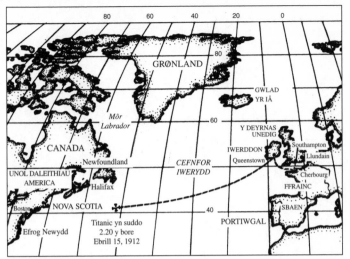

Mae'r map hwn yn dilyn cwrs trychinebus y Titanic.

Dyddiadau

1898 Mae awdur o'r enw Morgan Robertson yn cyhoeddi stori dan y teitl 'Oferedd' ('Futility'), stori broffwydol am long, o'r enw *Titan*, yn taro mynydd rhew ac yn suddo ar ei thaith gyntaf un. Nid oes ganddi ddigon o fadau achub, ac mae llawer o'i theithwyr yn colli eu bywydau.

1907 Mae Cwmni'r Llynges Fasnachol Ryngwladol (*International Mercantile Marine Company* neu'r *IMM*) yn cael ei redeg gan J. Bruce Ismay, sy'n rheoli llongau Cwmni'r White Star. Mae ef a William J. Pirrie, pennaeth cwmni adeiladu Harland & Wolff, yn penderfynu adeiladu dwy long newydd, y *Titanic* a'r *Olympic*.

1909 Dechreuir adeiladu'r *Titanic* ar safle Harland & Wolff ym Melffast, Iwerddon.

Mai 31, 1911 Y *Titanic* yn cael ei lansio am y tro cyntaf.

Ionawr 1912 Un ar bymtheg o fadau achub yn cael eu gosod ar y *Titanic*. Gallai gario llawer rhagor, ond nid yw cyfraith Prydain yn mynnu hynny. Mae arni bedwar bad achub plyg hefyd.

Mawrth 31, 1912 Mae popeth yn ei le, a'r *Titanic*, y llong fwyaf a'r un fwyaf moethus i gael ei hadeiladu erioed, yn barod i gychwyn ar ei thaith gyntaf.

Ebrill 2, 1912 Cynhelir profion (a elwir yn dreialon môr) ar y *Titanic*, a'u cwblhau mewn tua hanner diwrnod. Y noson honno, mae'r llong yn gadael am Southampton, Lloegr.

Ebrill 3, 1912 Y cargo a'r cyflenwadau'n cael eu llwytho ar y llong yn Southampton, ac aelodau cyntaf y criw yn cael eu cyflogi.

Ebrill 6, 1912 Cyflogir gweddill y criw, llawer ohonynt yn bobl leol.

Dydd Mercher, Ebrill 10, 1912

> **7.30 y bore** Y Capten Edward J. Smith, a fydd yn gofalu am y llong, yn dod ar fwrdd y *Titanic*.

> **8.00 y bore** Rhoddir prawf ar ddau fad achub yn ystod ymarfer byr.

> **9.30–11.00 y bore** Teithwyr yr ail a'r trydydd dosbarth (*steerage*) yn dod ar y llong.

> **11.30 y bore** Teithwyr y dosbarth cyntaf yn dechrau byrddio'r llong.

> **Canol dydd** Y *Titanic* yn cychwyn ar ei mordaith gyntaf, ond yn cael ei dal yn ôl pan fu ond y dim iddi â tharo'n erbyn llong lawer llai, y *New York*.

> **6.30 yr hwyr** Y *Titanic* yn cyrraedd Cherbourg, Ffrainc, ei harhosfa gyntaf, ac oddeutu 300 yn rhagor o deithwyr yn cael eu cludo i'r llong. Mae hi awr yn hwyr.

> **8.10 yr hwyr** Y *Titanic* yn anelu am ei harhosfa nesaf – Queenstown, Iwerddon.

Dydd Iau, Ebrill 11, 1912 Mae'r *Titanic* wedi teithio 386 o filltiroedd digynnwrf mewn tywydd sydd bron yn berffaith.

Dydd Sadwrn, Ebrill 13, 1912 Mae'r tywydd ardderchog yn parhau, a'r *Titanic* yn cwblhau 519 o filltiroedd eto.

10.30 yr hwyr Llong arall, y *Rappahannock*, yn anfon rhybudd o rew caled.

Dydd Sul, Ebrill 14, 1912

9.00 y bore Derbynnir rhybudd rhew oddi wrth y *Caronia*.

11.40 y bore Rhybudd arall o rew oddi wrth y *Noordam*.

1.42 y prynhawn Y *Baltic* yn anfon rhybudd o rew eto.

1.45 y prynhawn Rhybudd arall eto yn cyrraedd, oddi wrth yr *Amerika*.

7.30 yr hwyr Y *Californian* yn anfon tri rhybudd am fynyddoedd rhew.

9.20 yr hwyr Capten Smith yn noswylio, gan orchymyn yr Is-swyddog Lightoller i'w ddeffro os bydd unrhyw broblem.

9.40 yr hwyr Rhybudd arall o rew yn cyrraedd, y tro hwn oddi wrth y *Mesaba*.

10.00 yr hwyr Y Prif Swyddog William Murdoch yn cymryd lle Lightoller ar y bont lywio.

10.55 yr hwyr Y *Californian*, nad yw ond ychydig filltiroedd i ffwrdd, yn ceisio anfon rhybudd arall o rew, ond mae telegraffydd y *Titanic*, sydd wedi ei orlwytho â gwaith, yn dweud wrthynt am gau eu cegau.

11.30 yr hwyr Y telegraffydd ar y *Californian* yn rhoi'r gorau iddi am y nos.

11.40 yr hwyr Y gwylwyr Fleet a Lee yn gweld mynydd rhew mawr yn y cefnfor tawel ac yn hysbysu'r llywiwr, Y Prif Swyddog Murdoch. Ni all lywio o'r ffordd, ac mae ochr dde'r llong yn cael ei rhwygo'n agored gan y gwrthdrawiad sy'n dilyn.

11.50 yr hwyr Mae pump o'r adrannau digyswllt ac ystafell foiler rhif 6 yn llenwi â dŵr.

(Efallai fod y tân glo a fu'n rhuo yn yr ystafell foiler wedi ei gwanhau.)

Dydd Llun, Ebrill 15, 1912

Hanner nos Capten Smith a Thomas Andrews, cynllunydd y llong, yn mynd i archwilio maint y difrod. Mae Andrews o'r farn y bydd y *Titanic* yn suddo o fewn dwyawr. Capten Smith yn gorchymyn anfon galwadau argyfwng i'r llongau cyfagos i ddweud fod y *Titanic* yn suddo, a'u bod yn erfyn yn daer am gymorth. Daw ymateb oddi wrth bawb ond y *Californian*, yr un agosaf atynt. Ar y dechrau, mae'r dynion radio, Phillips a Bride, yn defnyddio'r arwydd 'CQD' traddodiadol. Yn nes ymlaen, maent yn newid i'r 'SOS' newydd.

12.05 y bore Capten Smith yn rhoi gorchymyn fod y badau achub i gael eu paratoi a bod pob un o'r teithwyr i wisgo'i wregys achub. Ar y gorau, ni all y

188

badau gario ond 1,178 o bobl. Mae oddeutu 2,200 o bobl ar fwrdd y *Titanic*.

12.15 y bore Y band yn dechrau chwarae cerddoriaeth 'fywiog' er mwyn helpu i geisio osgoi panig.

12.25 y bore Y badau achub yn dechrau cael eu llwytho â merched a phlant.

12.45 y bore Y bad achub cyntaf – Bad 7 – yn cael ei ostwng i'r môr. Dim ond 28 o deithwyr sydd arno, er bod lle i 65. Yr un pryd, gollyngir y roced argyfwng gyntaf, wrth i swyddogion y *Titanic* geisio tynnu sylw'r llong (y *Californian* yn ôl pob tebyg) sydd i'w gweld yn y pellter.

12.55 y bore Bad achub 7 yn gadael, a bad achub 5 yn dilyn yn fuan wedyn. Nid yw'r badau hyn chwaith yn llawn.

1.00 y bore Bad achub 3 yn gadael.

1.10 y bore Bad achub 1 yn gadael. Dim ond 12 o deithwyr sydd arno. Mae'n gallu dal 40.

1.15 y bore Mae'n amlwg fod y *Titanic* yn suddo.

1.20 y bore Bad achub 9 yn gadael. Er nad yw'n llawn, mae mwy o bobl arno na'r un bad arall cyn belled.

1.25 y bore Bad achub 12 yn gadael.

1.30 y bore Bad achub 14 yn gadael.

1.35 y bore Bad achub 13 yn gadael.

1.40 y bore Bad plyg C yn gadael, a J. Bruce Ismay yn

mynd arno ar y munud olaf. Bydd yn cael ei feirniadu'n hallt am hyn yn ddiweddarach.

1.45 y bore Y *Titanic* yn anfon ei neges olaf at y *Carpathia*. Bad achub 2 yn gadael.

1.55 y bore Bad achub 4 yn gadael.

2.05 y bore Y badau achub bron i gyd wedi mynd. Bad plyg D yn cael ei lwytho â merched a phlant.

2.17 y bore Capten Smith yn rhyddhau'r criw o'u dyletswyddau ac yn dweud wrthynt am geisio eu hachub eu hunain, gan nad oes dim mwy y gellir ei wneud. Rhuthr y dŵr yn ysgubo badau plyg A a B dros y bwrdd i'r môr. Yn ddiweddarach, bydd rhai a lwyddodd i ddianc oddi ar y llong yn crafangu wrthynt.

2.20 y bore Y *Titanic* yn suddo. Oddeutu 1,500 o bobl – teithwyr a chriw – yn colli eu bywydau yn y trychineb.

3.30 y bore Teithwyr ar y badau achub yn gweld rocedi'n cael eu tanio gan y *Carpathia*, sy'n prysuro i'w helpu.

4.10 y bore Y *Carpathia* yn codi teithwyr oddi ar fad 2, y bad achub cyntaf iddi ddod ar ei draws.

8.30 y bore Teithwyr oddi ar fad 12, yr un olaf, yn cael eu codi, wedi oriau lawer o waith achub. Y *Californian* yn cyrraedd – oriau'n rhy hwyr i fod o gymorth.

8.50 y bore Y *Carpathia* yn hwylio am Ddinas Efrog Newydd gyda tua 705 o rai a achubwyd ar ei bwrdd.

Ebrill 18, 1912 Y *Carpathia* yn cyrraedd Efrog Newydd.

Ebrill 19–Ebrill 25, 1912 Senedd yr Unol Daleithiau, o dan arweiniad y Seneddwr William Smith, yn cynnal gwrandawiadau i ymchwilio i'r suddiad.

Mai 2–Gorffennaf 3, 1912 Ymchwiliad tebyg, gan yr awdurdodau Prydeinig, yn cael ei gynnal yn Lloegr. Ceisir pennu bai am y trychineb, ond heb fawr o lwyddiant.

Ebrill 1913 Y Patrôl Rhew Rhyngwladol (*International Ice Patrol*) yn cael ei sefydlu yn y gobaith o allu rhwystro trasiedi arall fel y *Titanic*. Mae'n cael ei weinyddu gan Wylwyr Glannau (*Coast Guard*) yr Unol Daleithiau.

Tachwedd 1955 Cyhoeddir *A Night to Remember* gan Walter Lord. Bron i hanner can mlynedd yn ddiweddarach, mae'n dal i gael ei ystyried y llyfr gorau erioed i gael ei ysgrifennu am y *Titanic*.

Medi 1, 1985 Dr Robert Ballard, y gwyddonydd o America, a'i griw, ynghyd â'r gwyddonydd o Ffrainc, Jean-Louis Michel, yn darganfod gweddillion y llong, ar ddyfnder o fwy na thri cilomedr o dan wyneb y cefnfor.

Gorffennaf 1986 Dr Ballard yn archwilio'r gweddillion ac yn tynnu lluniau tanddwr ohonynt.

Yn dilyn darganfyddiad Dr Ballard, bu sawl criw yn archwilio'r gweddillion ar wely'r môr, gan adfeddiannu pob math o bethau, o lestri i ddillad i ddodrefn.